Saint Paul
la fondation de l'universalisme

사도 바울
'제국'에 맞서는
보편주의 윤리를 찾아서

알랭 바디우
Alain Badiou
현성환 옮김

새물결

Sant Paul: la fondation de l'universalisme by Alain Badiou
copyright ⓒ Presses Universitaires de France(1998)

Korean translation copyright ⓒ Saemulgyul Publishing House, 2008.
This Korean edition is published by arrangement with Presses Universitaires de France via Bestun Korea Agency, Korea
All right reserved.

옮긴이

현성환

성균관대학교 불어불문학과를 졸업한 뒤 '보들레르와 벤야민 연구'로 파리 8대학 박사 과정을 수료하였다. 현재 전문 번역가로 활동 중이다.

사도 바울: '제국'에 맞서는 보편주의 윤리를 찾아서

지은이 | 알랭 바디우

옮긴이 | 현성환

펴낸이 | 조형준

펴낸곳 | (주)새물결

1판 1쇄 2008년 1월 21일 | 1판 10쇄 2024년 11월 15일

등록 서울 제 15호-52호(1989. 11. 9)

주소 | 서울특별시 은평구 연서로 37가길 6, 2층

전화 | 편집부 02)3141-8697

이메일 | saemulgyul@gmail.com, efa_korea@daum.ne

ISBN 978-89-5559-230-6(04100)

ISBN 978-89-5559-229-0(세트)

이 책의 한국어판권은 Bestun Korea Agency를 통해 저작권자와 독점 계약한 (주)새물결에 있습니다. 저작권법에 의해서 한국 내에서 보호를 받는 저작물이므로 무단전재와 복제를 금합니다.

What's up 총서를
발행하며

　지금 우리에게는 우리의 '삶'에 대한 사유의 근본적인 전환이 절실하다. 그것은 소박한 앎에의 욕망도 그렇다고 앎에의 의지도 아니다. 오히려 그것은 우리의 생존 자체를 위해서 절박하게 요청되고 있는 바의 어떤 것이다. 현재 신자유주의로 통칭되는 자본(주의)은 물신 분석의 대상을 넘어 우리의 신체와 의식 자체가 되어버렸다. 그리고 '88만 원 세대'라는 말이 상징하고 있듯이 학교와 직장에서, 그리고 심지어 모든 일상에서 모든 이의 삶이 '돈'으로 환산되어 쓰레기로 양산되고 있는 것은 누구나 목도하고 있는 바이다. 그러나 대학과 정치라는 제도는 이러한 우울한 시대의 저항과 비판의 보루이기를 그친 지 이미 오래이다. 인문학은 점점 '실용'의 미명에 압착당하고 있으며, 대학은 사회를 보호하는 사유의 장소이기를 멈춘 채, 테크노크라트들의 양성소로 변해가고 있다. 따라서 이 미혹의 역(逆)계몽 시대에 우리에게 필요한 것은 위기론이나 탈주론이 아니라 용기와 도전, 그리고 이를 위한 새로운 방법론을 탐구하기 위한 몸부림이다.

　모순이 세계화하는 시대, 우리의 저항선은 온갖 장소에서 그어질 수밖에 없다. 사유의 '식민성'이나 '(잃어버린) 주체의 재건'과 같은 테제, 그러니까 "나는 내가 생각하지 않는 곳에 존재하고 내가 존재하지 않는 곳에서 생각한다"는 데에서 오는 불안은 오랫동안 한국의 지성들을 괴롭혀왔다. 다른 이의 표현을 벗어 던져라, 그러면 해방되리라. 그런데 어떤가 하면, "우리에게는 스스로의 생각을 다른 이의 표현을 따라 이해하는 경우가 너무 많다"(폴 발레리). 유럽의 하나 됨을 다름 아닌 사유의 잡종성과 표현의 연대 속에서 찾아낸 이 비평가의 말은 지금 우리에게 의미심장하게 들린다. 중요한 것은 고유한 주체가 아니라, 이 시대의 삶과 관련해 사유 자체를 개시하는 일이 되어야 한다.

그러기 위해서 우리는 세상 모든 생각에 고유성이나 주체성은 없다는 급진적인 공공성을 사유의 과제로 제기하려 한다. 즉 이식을 극복한 어떤 주체도 아니고 민중이나 다중이나 마이너리티도 아닌, 이름 없는 공동성을 탐구하는 일이 필요한 것이다. 사유의 외재성이 아니라, 고유성에 대한 믿음 자체에 저항하며, 우리는 삶의 조건 자체로 뚫고 들어가는 사유를 개시한다.

1848년 마르크스는 "하나의 유령이 유럽에 떠돌고 있다"고 썼다. 이 유령이 더이상 유령이 아니라 살아 움직이게 될 것임을 선언케 했던 그러한 징후가 우리 시대에도 여전히 존재하는지에 대해서는 말하지 않겠다. 다만 확실한 것은, 이 유령을 잡기 위해 연대한 '성스러운 사냥꾼들'만은 그 어느 때보다 견고한 모습으로 존재하고 있다는 사실이다. 사회에 대해 물음으로써 사회를 보호하는 것이 아니라, 사회 자체에 공헌하라는 명령 속에서, '사회'와 '공공성'에 대한 물음은 점점 더 설 자리를 잃어가고 있다. 너무 늦기 전에 움직이기 위해서 우리는 빨리 움직일 것이며, 무거운 지식과 속도의 지식을 한꺼번에 끌어오고 또 써나갈 것이다. 이름 없는 공동성을 탐구하기 위해, 사유의 적들에 틀림없는 '이름'을 부여할 것이다.

이러한 탐구를 위해 우리는 "What's up?"이라고 묻는다. 미국 흑인 노예 제도의 극악한 폭력성을 비극적으로 증언하는 이 "별 일 없었지?"라는 안부 인사는 고스란히 우리 시대의 아침 인사가 되고 말았다. 실업이 예외에서 일상이 되고, 오늘의 정규가 내일의 비정규로 떨어지고, 자본이 예술로 전도되는 이 시대. 그러니까 예외 상태가 보통 상태가 되어버린 이 시대, 우리 시대의 자본이 새롭게 발휘하는 마술 같은 공포의 변증법을 통해 우리 모두는 전혀 새로운 제도적·정신적 예속 상태로 노예화되고 있는 것이다. 게다가 그것은 감시와 처벌이 아니라 법의 준수와 제도의 안정이라는 이름으로 진행 중이다. 하지만 "What's up?"이라는 말은 단지 이러한 공포에 대한 승인만을 의미하지는 않는다. 어쩌면 그것은 폭력의 자행에 대한 묵종이 아니라 새로운 연대와 저항선을 그려나가기 위한 맹목적인 질문일 수조차 있다. "What's up?"이라는 이 자그마한 연대와 우정의 인사가 그러한 폭력적 제도의 정당성을 근본적인 질문에 부치는 작은 함성이라고 믿는다.

우리는 다른 이들을 통해, 그리고 그들과 함께 바로 지금 여기서 일어나는 일을 만날 것이다. 물음과 응답, 그것이 우리가 하고자 하는 모든 일이다.

— 김항, 박진우, 한보희, 황호덕

| 차례 |

What's up 총서를 발행하며 5
서문 11

01 바울, 우리의 동시대인 15

02 바울은 누구인가? 37

03 텍스트들과 콘텍스트들 65

04 담론들의 이론 81

05 주체의 분열 109

06 죽음과 부활의 반변증법 127

07 율법에 맞선 바울 145

08 보편적 힘으로서의 사랑 165

09 희망 179

10 보편성 그리고 차이들의 횡단 189

11 결론을 맺으며 207

일러두기

1. 이 책은 알랭 바디우의 *Saint Paul — La fondation de l'universalisme*을 우리말로 옮긴 것이다.

2. *로 표시된 각주는 모두 옮긴이 주이다. 본문 안에서 옮긴이의 첨언은 〔 〕 안에 넣어 표시했으며, 인용문에서 저자 바디우의 첨언이 나올 경우 | | 안에 넣어 표시했다.

3. 원서에서 이탤릭체로 강조한 부분은 본 번역서에서는 굵은 글씨체로 강조했으며, 대문자를 써서 일반 명사와 구분한 단어들은 고딕체로 표시했다(예: Loi → **율법**).

4. 인명과 지명 등 고유명사 표기는 브리태니커 사전을 따르는 것을 원칙으로 하되 『성서』에 나오는 표기가 독자들에게 익숙한 경우에는 『성서』의 표기를 따랐다.

5. 『성서』 인용문은 '새번역'과 '표준 새번역' 본을 기준으로 하되 문맥에 따라 번역을 다소 수정하기도 했다.

서문

　기이한 시도 오랫동안 이 사람은 말라르메, 칸토르, 아르키메데스, 플라톤, 로베스피에르, 콘래드(우리 세기 사람들로까지 너무 확대하지는 말도록 하자) 등과 함께 나의 동반자였다. 15년 전 나는 『안디옥 사건』이라는 희곡을 썼는데, 여주인공 이름이 폴르*였다. 남자를 여자로 바꾼 탓인지 사람들은 이 인물을 제대로 알아보지 못했다. 솔직히 말해 나에게 바울은 사도나 성인이 아니다. 나는 그가 선포한 복음이나 그에 대한 숭배에는 별 관심이 없다. 하지만 그는 아주 중요한 주체적 인물이다. 나는 항상 사람들이 특히 친숙한 저 고전적 텍스트들, 즉 지금까지 수용되어온 의미는 닳을 대로 닳아버렸고 세부적인 것들은 폐기되었지만 그래도 호소력은 여전한 텍스트들로 되돌아가는 것과 똑같은 방식으로 그의 서한을 읽었다.

* 바울Paul에 여성형 접미사 -e를 붙여 만든 이름.

그의 서한이 개인적으로 감동을 주는 순간 거기엔 어떤 초월성도 성스러움도 없다. 그저 다른 모든 작품들과 하나 다를 바 없는 하나의 작품일 뿐이다. 바울은 한 인간으로서 그러한 문장들을, 저 격렬하고 부드러운 말 건넴^{adresse}을 강력한 솜씨로 기록했다. 따라서 우리는 어떤 숭배나 혐오감 없이 그것들을 자유롭게 이용할 수 있다. 나의 경우에는 한층 더 그러할 수밖에 없었는데, 대대로 종교와 관련이 없는 집안에서 태어난 조부모님들 손에서 — 네 분 모두 교사였다 — 자라면서 오히려 성직자들의 파렴치함을 분쇄하도록 교육받았기에 나는 아주 늦게 마치 경이로운 시를 담고 있는 오묘한 텍스트들과 만나듯 그렇게 그의 서한들을 만났기 때문이다.

기본적으로 나는 바울을 결코 실제로 종교와 결부시킨 적이 없다. 내가 오랫동안 그에게 관심을 가졌던 것은 종교에 관심이 있어서이거나 아니면 어떤 신앙, 또는 심지어 반-신앙을 증언하기 위해서가 아니었다. 사실을 말하자면 그러한 태도는 — 충격은 덜하긴 했지만 — 파스칼, 키에르케고르 또는 클로델의 담론 중 명백히 그리스도교적인 것에 기반해 그들에게 몰입했을 때와 별다를 바가 없었다. 어쨌든 예술 작품과 사유가 주조될 도가니 속에는 뭐라 이름할 수 없는 불순물들이 주둥이까지 찰랑거리고 있다. 강박 관념들, 신념들, 유치한 수수께끼들, 다양한 곡해들, 다 드러낼 수 없는 기억들, 난독^{亂讀}, 그리고 적지 않은 바보짓과 몽상들이 그것이다. 이런 종류의 화합물을 분석하는 것은 아무짝에도 쓸모가 없다.

 나에게 바울은 사건의 사상가=시인인 동시에 투사의 모습이라고 부를 수 있는 것의 한결같은 특징들을 실천하고 진술하는 사람이다. 그는 단절과 전복에 대한 일반적 관념과 그러한 단절의 주체적 물질성$^{\text{matérialité subjective}}$인 사유=실천의 관념이 어떻게 온전히 인간적으로 결합되는가 ─ 나를 매혹시키는 건 바로 그러한 인간적 결합의 운명이다 ─ 를 제시한다.

 오늘 내가 바울에게서 찾아볼 수 있는 그러한 결합의 독특성을 몇 쪽 안 되는 이 책에서 다시 추적하려는 것은 지금 사방에서 20세기 초 레닌과 볼셰비키들에 의해 확립된 투사의 모습 ─ 당적 투사의 모습이라 부를 수 있을 것이다 ─ 을 뒤이을 새로운 투사의 모습을 찾으려고 하는 ─ 비록 그것이 그러한 가능성에 대한 부인이라는 형태를 취한다 해도 마찬가지일 것이다 ─ 노력이 전개되고 있기 때문이다.

 일보 전진이 당면 과제일 때는 무엇보다도 최대한의 후퇴가 도움이 될 수 있다. 바울의 재활성화가 필요한 것은 바로 이 때문이다. 그리고 바울을, 모호한 마르크스를 그리스도로 삼은 레닌에 비교하는 위태로운 시도를 행하는 것은 내가 처음이 아니다.

 분명히 말하지만 나의 의도는 역사적인 것도 주석적인 것도 아니다. 내 의도는 처음부터 끝까지 주체적인 것이다. 나는 현대의 성서 비평학이 진본으로 인정하고 있는 바울의 텍스트들 그리고 그러한 텍스트들이 나의 생각과 맺고 있는 관계로만 논의를 국한시켰다.

그리스어 원전의 경우에는 1993년 독일 성서협회에서 발행한 네슬레-알랑의 비평판인 『그리스어 신약성서』를 사용했다.

몇 군데 어투를 수정하긴 했지만 기준으로 삼은 프랑스어 텍스트는 삼위일체 수도사 성서회의 『신약성서』(1993년 판)이다.

바울의 서한을 인용할 때는 장과 절을 표시하는 전통적인 방식을 따랐다. 예를 들어 '롬, 1. 25'는 '「로마서」, 1장 25절'을 가리킨다.*

좀더 자세한 것을 알고 싶은 사람들에게는 바울에 관한 무수히 많은 전기들 중 브르통$^{\text{Stanislas Breton}}$의 작지만 튼실한 『사도 바울』(PUF 출판사, 1988년)과 1971년 제네바의 라보르와 피데$^{\text{Labor & Fides}}$ 출판사에서 로르 잔느레$^{\text{Lore Jeanneret}}$의 번역으로 나온 귄터 보른캄$^{\text{Günther Bornkamm}}$의 『바울, 예수 그리스도의 사도』를 권하고 싶다.**

가톨릭과 프로테스탄트 그들이 무신론자들과 정립鼎立할 수 있기를.

---

* 본 번역본에서는 약식 표시에 익숙하지 않은 일반 독자를 위해 '「로마서」, 1장 25절' 등으로 풀어서 표기했다.
** 뒤의 책은 허혁 역, 『바울, 그의 생애와 사상』, 이화여자대학교출판부, 1978년으로 번역되어 있다.

1

바울, 우리의 동시대인

왜 바울인가? 대놓고 신이 보낸 사람이라고 자처한 것처럼 보일뿐더러 그의 이름이 종종 교회, 도덕적 규율, 사회적 보수주의, 유대인들을 미심쩍어 하는 태도 등 그리스도교의 가장 제도적이고 가장 폐쇄적인 측면들과 결부되어 있어 한층 더 의심쩍은 이 '사도'가 왜 필요한 것일까? 우리의 과제는 진리라는 주제를 희생시키지 않으면서 주체의 실존을 다중적 존재l'être-multiple의 순수한 우연에 종속시키는 동시에 사건의 우발적 차원에 종속시킬 수 있는 주체 이론을 재-정립하는 것이다. 어떻게 그의 이름을 이러한 도정의 전개 속에 기입할 것인가?

마찬가지로 이렇게 물을 수 있을 것이다. 즉 바울이라는 인물 및 그의 텍스트들과 그야말로 분리 불가능하게 결합되어 있는 것처럼 보이는 그리스도교 신앙이라는 장치를 이용하겠다고 하는데, 도대체 그것이 무슨 의미가 있다는 것인가? 도대체 왜 이 우화^{fable}를 내세우고 분석하는가? 이 점만은 아주 분명히 하고 넘어가기로 하자. 즉 [신자가 아닌] 우리는 여기서 바울을 하나의 우화로서 다루고 있다는 것이 바로 그것이다. 게다가 바울의 경우에는 아주 독특한 의미에서 그러하다. 그가 아주 결정적인 이유에서 그리스도교를 '예수가 부활했다'라는 단 하나의 진술로 환원시키기 때문이다. 그 밖의 다른 모든 것, 즉 출생, 가르침들, 죽음 등은 어쨌거나 확인**될 수** 있으므로 우화적인 요소는 바로 이것, 부활뿐이다. 우리의 경우 '우화'란 이야기^{récit} 중 명백히 상상적인 모든 것에 결부되어 있는, 보이지 않으며 간접적으로만 접근이 가능한 잔여를 통해서가 아니라면 어떠한 실재에도 가닿을 수 없는 부분을 가리킨다. 이와 관련해 바울은 그러한 지점을 실재로 간주해야만 그것에 접하고 있는 모든 상상적인 것으로부터 벗어날 수 있다는 것을 아는 사람이 가진 힘으로 그리스도교의 이야기를 단 하나의 우화적인 지점으로 귀착시킨다. 만약 우리가 곧장 믿음(하지만 바울의 모든 문제는 온통 믿음 또는 신앙, 즉 피스티스^{πίστις}라는 단어 아래에 전제되어 있는 것에 집중되어 있다)에 대해 말하는 것이 가능하다면, 십자가에 못 박힌 예수의 부활을 믿는 것은 전혀 불가능하다고 말해야 할 것이다.

바울은 세 가지 의미에서, 즉 역사적 자리, 교회의 설립자라는 역할, 우화적 요소에 대한 사유의 도발적 집중화라는 면에서 우리와는 먼 인물이다.

우리는 왜 그처럼 먼 인물을 마치 철학적으로 아주 가까운 듯한 무게를 부여해가며 탐구해야 하는지, 실재에 대한 우화적 촉성forçage이 왜 지금 여기서 보편적인 것을 순수한 세속성으로 회복시켜줄 수 있는 매개로 사용될 수 있는지를 설명해야 할 의무가 있다.

예를 들어 헤겔, 콩트, 니체, 프로이트, 하이데거, ─ 그리고 다시 우리 시대 사람을 하나 들자면 ─ 장 프랑수아 리오타르 같은 사람들 또한 본인들의 사변적 담론을 조직하기 위해 바울이라는 인물을 검토하는 것이 필요하다고 생각했으며, 게다가 항상 극단적인 경향들(정초적인 것도 있는 반면 퇴행적인 것도 있으며, 목적적인 것이 있는 반면 망각적인 것도 있으며 모범적인 것이 있는 반면 재앙적인 것도 있다)에 따라 그렇게 했다는 사실 또한 의문의 여지 없이 이러한 우리의 작업에 도움이 될 것이다.

우리의 경우 바울의 작업에서 초점을 맞출 것은 주체와 관련된 명제와 [율]법loi과 관련된 질문 사이의 이행을 확립해주고 있는 독특한 결합 관계로, 바울이 진정한 창안자라고 할 수 있는 그것을 형식적으로는 앞의 우화와 분리시키는 것은 얼마든지 가능하다. 이렇게 말할 수 있을 것이다. 즉 바울에게서 관건은 어떤 [율]법이 모든 정체성을 결여한 주체, 어떤 한 사건 ─ 주체가 그것을 선언하고 있는 사태 외엔 아무런 '증거'도 없는 ─ 에 걸려 있는 주체를 구조화할 수 있는지를 탐구하는 것이었다고.

우리가 보기에 핵심적인 사실은 정체성을 갖지 못한 주체와 버팀목 없는 [율]법 사이의 그러한 역설적 결합이 역사 속에서의 보편적인 가르침의 가능성 자체를 정초하고 있다는 것이다. 바울이 보여준 전대미문의 몸짓은 공동체 — 민족, 도시, 제국, 지역 또는 사회 계급 — 가 장악하고 있던 진리를 그로부터 벗어나도록 한 데 있다. 참된 것^{vrai}(또는 올바른 것^{juste}. 이 경우엔 이 두 가지가 동일한 것이다)은 원인에 의해서든 아니면 목적에 의해서든 어떤 객관적 총합으로도 환원되지 않는다.

바울의 '진리'는 단순히 하나의 우화를 가리킬 뿐이라고 반박할 수도 있을 것이다. 맞는 말이다. 하지만 중요한 것은 보편성의 산출 조건들과 관련해 그것을 정립하는 힘 안에 포섭된 주체의 몸짓이다. 우화적 내용을 포기해야 한다는 사실 자체가 그러한 조건들의 형식을 잔여로서 남겨놓으며, 특히 미리 구성되어 있는 역사적 총합들에게 진리의 담론을 할당하려는 모든 시도의 폐허^{ruine}를 남겨놓는다.

의견^{opinion}이 진리 과정$^{processus\ de\ vérité}$을 해체하려고 하는 '문화적' 역사성으로부터 모든 진리 과정을 철저하게 갈라놓는 것, 바울은 바로 그러한 활동으로 우리를 안내하고 있다.

그러한 몸짓을 다시 사유하는 것, 그러한 몸짓의 복잡한 요철을 펴는 것, 그러한 몸짓의 개별성과 구성력에 활력을 불어넣는 것은 분명 오늘날 필요한 일이다.

그렇다면 지금 우리의 현실을 구성하고 있는 것은 무엇인가? 진리(따라서 사유) 문제를 판단의 언어적 형태로 점진적으로 환원시키는 것 — 앵글로색슨 계열의 분석[철학]적 이데올로기와 해석학적 전통은 바로 이 지점에서 합류하고 있다 (이 분석/해석이라는 쌍은 현대의 아카데미 철학을 사방에서 둘러싸고 있다) — 은 결국 문화적·역사적 상대주의로 귀결되고 마는데, 오늘날 바로 그것이 의견의 주제 중의 하나, 즉 '정치적' 동기화뿐만 아니라 인문학의 연구 틀을 구성하고 있다. 이미 작동 중인 이러한 상대주의의 극단적 형태들은 수학 자체를 하나의 '서양적' 체계로 격하시키려고 하고 있는데, 그리하여 그것은 결국 온갖 몽매주의적 장치들 또는 상징적으로 하찮은 장치들과 비슷한 것이 되어버릴 수 있다. 그러한 장치를 지탱하고 있는 인류의 부분 집합을 명명할 수 있다면, 그리고 훨씬 더 좋기로는 그러한 부분 집합이 희생자들로 구성되어 있다고 믿을 만한 이유를 갖고 있다면 말이다. 보편성에 대한 모든 접근 — 그것은 보편성을 특수성에 할당하는 것을 용인하지도, 또한 지배적인 것이든 아니면 희생적인 것이든 보편의 명제가 출현하는 **위치들**의 현재 상태와 직접적 관계를 유지하지도 않는다 — 은 문화주의 이데올로기와 인간에 대한 '희생자적' 관념이 교차하는 이러한 시련에 굴복한다.

억압받는 부분 집합들의 문화적 미덕을 활성화하려는 이러한 시도, 공동체적 특수주의(요컨대 그것은 언어 이외에도 항상 인종, 민족, 종교 또는 성으로 소급된다)를 찬양하기 위해 이런 식으로 언어에 호소하는 태도를 통일시키고 있는 실재는 무엇인가? 분명히 거짓된 보편성으로 정말 만화경 같은 공동체주의에 순응하고 있는 화폐적 추상(화)이 그것이다. 장기간에 걸친 공산주의 독재는 금융 자본의 전 지구화와 자본의 공허한 보편성의 절대 주권은 또 다른 보편적 계획 — 비록 타락하고 피투성이이긴 하지만 — 만을 진정한 적으로 가졌었다는 것을 보여주는 미덕을 가졌다고 할 수 있을 것이다. 즉 레닌과 마오쩌둥만이 일반적 등가라는 자유주의의 장점들 또는 상업적 소통이라는 민주주의적 미덕들을 거리낌 없이 자랑하려는 사람들에게 진정한 **공포**를 안겨주었다는 것을 말이다. 사회주의 국가들의 패러다임이었던 소련의 쇠락은 일시적으로 그러한 공포를 해소시키고 공허한 화폐적 추상을 미쳐 날뛰도록 만들었으며, 사유 일반의 권위를 실추시켰다. 하지만 인종적·종교적·국가적·성적 '소수자들'의 권리를 인정하기 위해 진리들의 구체적 보편성을 포기한다고 해서 그러한 황폐화가 늦춰지는 것은 분명 아니다. 그래서는 안 된다. 우리는 사유로서의 진리의 권리들이 통화주의자들의 자유 교환과 그것의 보잘것없는 정치적 부속물인 자본주의-의회주의만을 심급으로 갖게 해서는 안 된다. 자본주의-의회주의를 장식하고 있는 허울 좋은 단어인 '민주주의'는 현실의 참담함을 가리는 데 점점 더 실패하고 있다.

이것이 바로 기존의 정치 체제를 완전히 파괴한(즉 '로마 제국'으로 알려진 군사적 전제주의를 창설한) 기념비적 인물*과 동시대인이었던 바울에게 우리가 지대한 관심을 기울이는 이유이다. 그는 보편성에 [율]법과 주체 사이의 특수한 결합 방식을 할당하는 가운데, 그러한 할당을 위해서는 주체의 편에서만이 아니라 [율]법의 편에서도 어떤 대가를 치러야 하는지를 극히 엄격하게 자문했다. 그것은 바로 우리가 던져야 하는 질문이다. 우리가 만일 진리와 주체 사이의 결합 관계를 재정초할 수 있게 된다면 진리(사건적이고 우연적인)의 편에서만이 아니라 주체(드물고 영웅적인)의 편에서 어떤 결과들을 견뎌내야 할까?

다름 아니라 바로 이 문제에 비추어서만이 철학은 최악의 것을 은폐하는 부속 장치가 되지 않고 자신의 시대적 조건을 받아들일 수 있다. 야만적 관성에 아첨하는 것이 아니라 시대와 맞설 수 있는 것이다.

우리나라, 즉 프랑스와 관련해 볼 때 **국가의 공적 운명에** 한정한다면 지난 15년간의 주목할 만한 경향으로 무엇을 꼽을 수 있을까? 물론 유럽과 자유주의라는 시니피앙 아래 자본의 자율적 기능들이 끊임없이 확장된 것은 제외하고 말이다. 그러한 확장은 세계 시장의 법칙이기 때문에 우리나라만의 남다른 특징이라고 할 수는 없을 것이다.

맙소사! 그러한 질문에 대한 대답으로 우리가 제시할 수 있는 것은 르 펜의 정당*의 돌이킬 수 없는 정착뿐으로, 오

---

* 로마 제국의 초대 황제인 아우구스투스를 가리킨다.
* 국민전선Front Nationale이란 이름의 극우 정당.

스트리아에서나 그와 유사한 것을 찾아볼 수 있는 진정 민족적인 독특성 — 괜히 아부하기 위해 이러한 비유를 하는 것이 아니다 — 이라고 할 수 있다. 이 당의 독특한 준칙은 무엇인가? 의회의 어떤 정당들도 감히 정면으로 반대할 수 없고, 그리하여 그것으로부터 냉혹하게 추론되어 나오는 점점 더 흉악해지는 법률에 모든 정당이 찬성표를 던지거나 묵인하도록 만드는 준칙은? 문제의 준칙은 바로 이것이다. "프랑스를 프랑스인들에게." 그것은 다시 국가와 관련해 볼 때 페탱*이 나치 점령군의 열렬한 봉사자인 꼭두각시 정부에 부여했던 '프랑스인의 국가'라는 역설적인 이름으로 귀착된다. 무엇이 공적 영역에 '프랑스인이란 누구인가'라는 유해한 질문을 심어놓고 있는가? 하지만 우리는 누구나 그러한 질문에 대한 조리 있는 대답은 임의로 프랑스인이 아니라고 지칭된 사람들에 대한 박해뿐이라는 것을 알고 있다. 프랑스인이라는 것이 국가에서 정초적 범주로 간주될 경우 '프랑스인'이란 단어에 고유한 독특한 **정치적** 실재는 여기에 있거나 여기 살려고 하는 사람들에 대한 무자비한 인종 차별 조치들을 점점 더 악착같이 실행하려고 하는 데 있다. 그리고 정체성의 논리에 고유한 박해의 실재(법이란 오직 **프랑스인들에게만** 유효하다)가 소위 '히잡' 사건**이라고 칭해진 슬픈 사건이 보여주듯

---

* 나치에 협력한 비시 정부를 수립했던 프랑스의 총사령관.
** 1989년 프랑스의 한 지방의 중학교에서 이슬람 가정의 소녀들이 종교적 표시인 머릿수건을 착용하고 등교, 그것을 벗으라는 교장의 명령을 거부했다. 이후 이 일은 프랑스 혁명 이후 교권주의에 반하여 확립된 세속

자본주의에 의한 황폐화를 체념적으로 지지하는 자들(실업 때문에 외국인들을 수용할 수 없으므로 박해는 불가피하다)과 특히 예외적인 만큼이나 허구적인 '프랑스인들의 공화국'(외국인들은 우리의 순수한 제도들, 우리의 놀라운 교육과 대표 체계들이 그들에게 제시하고 있는 훌륭한 모델에 '동화되는' 한에서만 용인될 수 있다)을 지지하는 자들을 동일한 기치 아래 모으고 있다는 것은 아주 놀랍다. 이것은 사람들의 실제적인 삶과 그들에게 벌어지고 있는 일과 관련해 볼 때 세계화된 자본의 논리와 프랑스인들의 정체성이라는 광신 사이에 혐오스러운 공모 관계가 존재하고 있다는 것을 보여주는 증거다.

바로 우리 두 눈 앞에서 공적 영역은 공동체화되고, 법의 초월적 중립성은 포기되고 있다. 아마 국가는 우선 그리고 또 지속적으로 국가가 부양해야 할 사람들의 계보적·종교적·인종적으로 증명 가능한 정체성을 확보해야 할 것이다. 국가는 진짜 프랑스인인지, 동화되었거나 동화시킬 수 있는 외국인인지, 마지막으로 동화되지 않았거나 또는 더 나아가 동화시킬 수 없는 것으로 공표된 외국인인지에 따라 법을 두 영역 혹은 세 영역으로까지 나누어 규정해야 할 것이다. 그리하여 법은 박해 모델 말고는 어떠한 현실적 원칙도 없는 '국민적' 모델의 지배하에 놓일 것이다. 모든 보편 원칙을 저버린 채 정체성 확인 — 그것은 결국 경찰의 신원 추적일 수밖에 없을 것이다 — 이 법에 대한 규정이나 적용에 선행하게 될 것

화 원칙Principe de laïcité에 대한 새로운 논쟁을 불러일으키고 있다.

이다. 그것은 법률가들이 은밀히 유대인들을 비프랑스인의 원형으로 정의하는 것에 대해 어떤 잘못도 느끼시 못했던 페탱 치하에서처럼 모든 입법에는 신분 확인 절차를 요구하는 조항이 따르게 되고, 국민의 부분 집합들은 매번 **특수한 지위**에 의해 규정되게 될 것이라는 것을 의미한다. 이런 일들이 계속해서 뒤를 잇고 있고, 들어서는 정부들마다 여기에 몇 가지 수정을 가하고 있다. 우리는 사방에 만연한 국가의 음험한 페탱화 과정에 연루되고 있는 것이다.

이런 조건들 속에서 고대 세계의 규율들을 잘 아는 사람들이 들으면 입을 딱 벌릴 만한 "유대 사람도 그리스 사람도 없으며, 종도 자유인도 없으며, 남자와 여자가 없습니다"(「갈라디아서」, 3장 28절)라는 바울의 말은 얼마나 청명하게 울리는가! 그리고 별다른 문제의식 없이 이러저러한 진리들로 신을 대체하고, 선을 그러한 진리가 요구하는 의무로 대체하고 있는 우리에게 아래와 같은 그의 준칙은 얼마나 준엄한가!

> 선한 일을 하는 모든 사람에게는, 먼저 유대 사람을 비롯하여 그리스 사람에게 이르기까지, 영광과 존귀와 평강이 있을 것입니다. 하나님께서는 사람을 차별함이 없이 대하시기 때문입니다(「로마서」, 2장 10~11절).

우리가 살고 있는 세계는 세계가 이러한 상태로 영속될 것이라고 주장하고 싶은 사람들이 주장하는 만큼 그렇게 '복잡하지' 않다. 심지어 크게 보자면 아주 단순하다고도 할 수 있을 것이다.

한편에선 마르크스의 놀라운 예언, 즉 세계는 마침내 시장으로 다시 말해 세계=시장으로 **짜여질 것**이라는 예언을 완성하기라도 하듯 자본의 자동운동들이 지속적으로 확장되고 있다. 이러한 짜임[편성]이 추상적인 동질화를 지배적인 것으로 만든다. 순환하는 모든 것은 하나의 계산 단위 아래 떨어지고, 또 거꾸로 그런 식으로 해서 계산될 수 있는 것만이 순환한다. 게다가 바로 이러한 규준이 몇 안 되는 사람들이 강조하고 있는 역설, 즉 순환이 일반화되고 문화는 즉각 소통될 것 같은 환상이 지배하는 시대에 도처에서 사람들의 순환을 막는 법제와 규제들이 증가하고 있는 역설을 해명해준다. 이런 맥락에서 최근만큼 프랑스에 정착한 외국인들이 드물었던 적은 없었다! 계산될 수 있는 것, 무엇보다 계산의 계산인 자본의 자유로운 순환은 대환영이다. 하지만 개별적인 인간의 삶이라는 셀 수 없는 무한성의 자유로운 순환은 절대 안 된다! 자본주의의 화폐라는 추상도 분명히 하나의 개별성이지만 그러한 개별성은 **어떤 다른 개별성도 고려하지 않기** 때문이다. 그것은 진리들의 사건적 생성에 대해서만큼이나 실존의 영속적인 무한성에 대해서도 무관심한 개별성이다.

다른 한편 폐쇄적 정체성들로의 파편화 과정이 존재하고, 이러한 파편화 과정에 동반된 문화주의적이고 상대주의적인 이데올로기가 있다.

이 두 과정은 철저하게 뒤얽혀 있다. 왜냐하면 각각의 정체성 확인(정체성의 창조나 조잡한 조합)은 시장에 의한 투자를 위한 소재가 되는 하나의 형상을 창출하기 때문이다. 상업적 투자와 관련된 한 공동체 그리고 그것의 영토 또는 영토들보다 화폐적 동질성의 새로운 형상들의 창안에 더 매력적이며, 그것보다 더 **적절한** 것도 없을 것이다. 등가라는 것 자체가 하나의 과정이기 위해선 어떤 비등가물과 닮은 것이 요구된다. 탐욕스런 투자 자본에게 여성들, 동성애자들, 장애인들, 아랍인이 — 승인과 소위 문화적 개별성을 요구하는 공동체의 형태로 — 출현하는 것은 이 얼마나 무궁무진한 잠재력인가! 그리고 술어적 특성들의 무한한 조합이란 이 얼마나 기막힌 횡재인가! 흑인 동성애자들, 세르비아 장애인들, 아동을 성추행한 가톨릭 신부들, 온건파 이슬람교도들, 결혼한 사제들, 여피족 환경 운동가들, 순종적인 실업자들, 애늙은이들! 매번 어떤 사회의 이미지는 그에 알맞은 새로운 생산품들, 즉 전문 잡지들, 말끔하게 단장한 쇼핑몰, '자유' 라디오 방송국들, 특정 계층을 겨냥한 광고망들, 그리고 마지막으로 황금 시간대의 자극적인 '시사 토론'을 재가한다. 들뢰즈는 '자본의 탈영토화는 지속적인 재영토화를 필요로 한다'는 말로 이 점을 명확히 지적한 바 있다. 자본은 자신의 운동 원리로 하여금 자본의 실행 공간을 동질화하도록 하기 위해 주체적·영토적 정체성들의 끊임없는 창조를 요구한다. 게다가 그러한 정체성들은 시장이 지닌 천편일률적인 특권들에 대해 다른 것들과 똑같은 방식으로 노출될 권리만을 요구할 수 있을 뿐이다. 일반적 등가라는 자본주의 논리와 공동체들이나 소수 집단들의 정체성적·문화적 논리는 유기적으로 접합된 하나의 총체를 형성한다.

이러한 유기적 접합은 모든 진리 과정에 대하여 구속적이다. 그것은 유기적으로 **진리 없이** 존재한다.

한편으로 모든 진리 과정은 상황을 지배하고 그러한 상황 속에서 반복적으로 연속되는 것들을 조직하고 있는 모든 공리적 원리와 단절된다. 진리 과정은 반복을 중단시키며, 따라서 어떤 한 계산 단위에 고유한 추상적 지속성에 의해 지탱될 수 없다. 지배적인 계산의 법칙에 따라 진리는 언제나 계산에서 빠진다. 따라서 어떤 진리도 자본의 동질적 확장에 의해 지탱될 수 없다.

그러나 다른 한편으로 진리 과정이 정체성을 지향하는 것들 안에 닻을 내릴 수 있는 것도 아니다. 왜냐하면 모든 진리가 개별적인 것으로서 돌발하는 것이 사실이라면 그것의 개별성은 즉각 보편화될 수 있기 때문이다. 보편화될 수 있는 개별성은 필연적으로 정체성을 추구하는 개별성과 단절한다.

뒤얽힌 역사들, 상이한 문화들, 보다 일반적으로는 이미 엄청난 차이들이 한 '동일한' 개인 안에 존재한다는 것, 세계가 알록달록하다는 것, 그리고 사람들로 하여금 그들이 원하는 대로 살고, 먹고, 입고, 상상하고, 사랑하게 두어야 한다는 것 ─ 일부 위선적으로 천진난만한 사람들이 주장하듯 그러한 것이 관건이 되는 것이 아니다. 자유주의의 그처럼 뻔한 소리는 별로 대수로울 것도 없다. 다만 그러한 것들을 요구하는 사람들이 막상 그들에게 고유한 별 시답잖은 자유주의적인 차이로부터 조금이라고 진지하게 벗어나려는 시도에 직면할 때 폭력적으로 대응하지 않기만을 바랄 뿐이다. 오늘날의 코스모폴리타니즘은 유익한 현실이다. 단지 그들이 실제로 원하는 것이 변화하는 차이들의 현실적인 망과는 한참이나 거리가 먼 것, 즉 오히려 그들이 '현대성'이라고 믿는 것의 천편일률적 독재가 아닌가 하는 걱정이 들지 않도록 히잡을 쓴 어린 소녀를 보고 괜히 열광하지 않기만을 요청할 뿐이다.

문제는 정체성 지향적이고 공동체주의적인 범주들이 예컨대 정치 과정과 같은 진리 과정들과 어떤 관계가 있는가 하는 것이다. 우리는 그러한 범주들은 진리 과정에서는 **부재**해야 한다고 대답할 것이다. 그렇지 않다면 어떤 진리도 자신의 영속성을 확립하고 스스로의 내재적인 무한성을 축적시킬 최소한의 기회도 갖지 못할 것이기 때문이다. 게다가 우리는 예를 들어 나치즘처럼 철두철미하게 정체성 지향적인 정권들은 호적전이고 범죄적이라는 것을 알고 있다. 그러면서도 사람들이 프랑스의 '공화주의적' 정체성이라는 형태로 그러한 범주들을 결백하게 다룰 수 있다고 생각하는 것은 근거가 빈약하다. 그들은 결국 필연적으로 자본이라는 추상적 보편과 지역적 박해들 사이를 오락가락하고 말 것이다.

이처럼 오늘날의 세계는 진리 과정에 이중으로 적대적이

다. 이러한 적대성의 징후는 이름에 의한 은폐에 의해 드러난다. 왜냐하면 진리 공정procédure de vérité의 이름이 차지해야 할 바로 그곳을 그것을 억압하는 또 다른 이름이 장악하고 있기 때문이다. '문화'라는 이름은 '예술'이란 이름을 폐색閉塞시킨다. '기술'이라는 말은 '과학'이란 말을 폐색시킨다. '경영'이란 말은 '정치'라는 말을 폐색시킨다. '성'이란 말은 '사랑'을 폐색시킨다. 시장에 동질적이라는 엄청난 장점을 갖고 있으며, 게다가 관련된 모든 항목이 하나의 상품 제시 난欄을 나타내는 '문화-기술-경영-성'이란 체계는 진리 공정들을 유형적으로 식별하는 '예술-과학-정치-사랑'이란 체계를 은폐한다.

그런데 정체성적 또는 소수자적 논리는 이러한 유형론에 대한 전유로 회귀하기는커녕 자본에 의한 명목적 은폐의 한 변형만을 제시할 뿐이다. 그러한 논리는 예술에 대한 모든 산출적 개념을 반박하고, 그것을 문화 개념으로, 즉 특정 집단의 문화라는 문화 개념 ─ 집단의 실존의·주관적·표상적 결속 장치, 자신에게만 말을 걸며 보편화될 가능성이 없는 문화 ─ 으로 대체한다. 게다가 그러한 문화의 구성적 요소들은 특정한 부분 집합에 속할 때에만 완전히 이해될 수 있다고 상정하기를 주저하지 않는다. 동성애자만이 동성애를 '이해'할 수 있고, 아랍인만이 아랍을 이해할 수 있다는 등등의 파국적 진술들이 여기에서 유래한다. 만일 우리가 생각하듯이 단지 진리들(사유)만이 인간을 기저에 깔려 있는 인간=동물과 구별시켜준다면 그러한 소수파들의 진술들은 본질적으로

야만적이라고 말해도 과언은 아닐 것이다. 과학의 경우에 문화주의는 부분 집합의 기술적 특수성을 과학적 사유와 동등한 것으로 내세우고, 그 결과 항생제들, 샤머니즘, 안수나 혹은 통증 완화용 약초물 같은 것들이 똑같은 가치를 갖는 것으로 취급된다. 정치의 경우에는 정체성적 특징들에 대한 고려가 결정 — 그것이 국가적이든 저항적이든 — 의 토대에 자리 잡고 있으며, 결국은 법률이나 난폭한 폭력을 통해 지배적인 정치적 조작 요인들로 간주되는 이러한 특징들(국가적, 종교적, 성적 등등)에 대한 권위주의적인 관리를 조작하는 것이 관건이 되고 만다. 마지막으로 사랑의 경우에는 이러저러한 특별한 성적 행동을 소수자적 정체성으로 인정받으려는 종적種的 권리에 대한 요구나 아니면 엄격한 부부 생활이나 여성들의 유폐 등과 같은 문화적으로 확정된 고색창연한 개념들로 순전하고도 단순하게 돌아가라는 요구가 등장해 서로 대칭을 이룰 것이다. 이 둘은 완벽하게 조합될 수 있다. 동성애자들이 결혼과 가족이라는 거대한 전통주의에 다시 가담하거나 교황의 축복과 함께 사제복을 걸칠 권리를 주장하는 것에서 볼 수 있듯이 말이다.

유기적으로 접합된 총체의 이러한 두 가지 구성 요소들(자본의 추상적 동질성과 정체성 요구들)은 서로를 지탱해주는 거울 관계 속에 있다. 누가 능력 있고-교양 있고-성적으로 자유로운 관리자의 자명한 우월성을 유지해줄 것인가? 그러나 누가 부패하고-종교적이며-일부다처제를 옹호하는 테러리스트를 방어해주겠는가? 또는 누가 문화적이며-주변적이고-유사 요법적이고-매체에 우호적인 성전환자들의 추종자가 될 것인가? 각각의 형상은 자신의 정당성을 다른 집단에 대한 불신에서 우회적으로 끌어온다. 하지만 동시에 가장 최근의 극히 전형적인 공동체주의적인 정체성을 광고의 판매 실적과 판매 가능한 이미지로 변형시키는 과정이 그것의 맞짝으로 극히 고립적이고 난폭한 집단들이 금융 시장에 투자하거나 대규모 무기 거래를 유지시킬 때 보여주고 있는 끊임없이 세련되어가는 능력과 조우하게 되면서 각각은 다른 집단들의 자원들에도 의지하게 되었다.

이 모든 것(화폐적 동질성, 정체성 요구, 자본의 추상적 보편성, 부분 집합의 이익을 위한 특수성)과 단절하는 가운데 우리의 질문은 다음과 같이 명확히 정식화될 수 있을 것이다. **보편적 개별성**의 조건은 무엇인가?

우리는 바로 이 지점에서 바울을 소환한다. 왜냐하면 그의 질문이 바로 그것이기 때문이다. 바울이 바라는 것은 무엇인가? 틀림없이 기쁜 소식(복음)을 유대 공동체 안에서만의 가치로 머물게 하는 엄격한 울타리에서 벗어나게 하는 것이다. 또 그런 만큼 복음이 작용 가능한 일반성들 ─ 그것이 국가적인 것이든 이데올로기적인 것이든 ─ 에 의해 결정되도록 놔두어서도 안 될 것이다. 국가적 일반성이란 로마 제국의 법[제]이며, 특히 로마 시민권과 그 조건들 그리고 그와 관련된 법적 권리들이다. 비록 본인이 로마 시민권자이고 그것을 자랑스럽게 여기지만 바울은 결코 어떤 법적인 범주들이 그리스도교 주체를 정체화하는 것을 허용하지 않을 것이다. 따라서 노예들, 여성들, 온갖 직종과 국적의 사람들이 아무런 제한도 특권도 없이 받아들여졌을 것이다. 이데올로기적 일반성이란 분명히 그리스인들의 철학적·정신적 담론들에 의해 대표되고 있었다. 바울은 유대 율법의 보수적 시각과 대칭을 이루는 이 담론에 대해 단호히 거리를 두었을 것이다. 요컨대 문제는 지배적인 추상들(당시엔 법률적이었고 오늘날엔 경제적인)에 반대하는 동시에 공동체적, 즉 특수주의적 요구들에 반하는 보편적 개별성을 강조하는 것이다.

바울의 일반적 방식은 이렇다. 즉 어떤 사건이 있고, 진리란 그것을 선언하고 그런 다음 그러한 선언에 충실한 데 있다면, 그로부터 두 가지 결과가 뒤따른다. 먼저 진리는 사건적인 것, 즉 도래하는 것에 속하는 것으로서, 이때 진리는 개별적이다. 그것은 구조적인 것도 아니요, 공리적인 것도, 법적인 것도 아니다. 어떤 작용 가능한 일반성도 그러한 일반성을 내세우는 주체를 설명하거나 구조화할 수 없다. 따라서 진리의 법이란 존재할 수 없다. 두번째로, 진리란 본질적으로 주체적인 그러한 선언의 토대에 기입되기 때문에 이미 구성된 어떤 부분 집합도 진리를 짊어질 수 없다. 어떤 공동체적인 것이나 역사적으로 확립된 것도 이 진리 과정에 스스로의 실체를 제공할 수 없다. 모든 공동체적인 부분 집합에 대해 진리는 그것의 대척점에 존재한다. 이 진리는 어떤 정체성에도 기대지 않으며, 그리고 (이 점이 분명히 제일 미묘한데) 어떤 정체성도 형성하지 않는다. 진리는 모두에게 제공되고 말 건네진다. 어떤 귀속 조건도 이러한 제공과 말 건넴을 제한할 수 없다.

지금까지 전해지고 있는 바울의 텍스트는 모두 상황적 개입들이고, 따라서 특정한 전략적·전술적 쟁점들에 의해 지배되고 있기 때문에 바울의 문제 제기는 그것의 구성이 제아무리 복잡하더라도 보편적 개별성으로서의 진리에 대한 요구들을 집요하게 좇고 있다.

1. 그리스도교적 주체는 그가 선언하는 사건(그리스도의 부활)보다 먼저 존재하지 않는다. 따라서 그리스도교적 주체의 실존이나 정체성의 외재적 조건들을 논박해야 할 것이다. 그리스도교적 주체에겐 유대인(즉 할례받은 사람)임도 그리스인(즉 현인)임도 요구되지 않는다. 그것은 담론들(세 가지: 유대 담론, 그리스 담론, 새로운 담론)에 대한 이론이다. 마찬가지로 그리스도교적 주체는 이러저러한 사회 계급에 속하거나(진리 앞에서의 평등 이론), 이러저러한 성에 속할(여성 이론) 필요도 없다.

2. 진리는 전적으로 주체적이다(그것은 사건에 관한 확신을 증언하는 선언에 속한다). 따라서 진리의 생성을 법에 포섭시키려는 모든 것을 논박할 것이다. 이를 위해서는 이미 폐기되고 유해한 유대적인 율법과 오로지 구원의 길들에 대한 현학적 무지일 뿐으로 운명을 우주적 질서에 복속시킬 뿐인 그리스적

인 법칙에 대한 근본적인 비판이 불가피하다.

3. 선언에 대한 충실성은 결정적으로 중요하다. 왜냐하면 진리는 하나의 과정이지 계시가 아니기 때문이다. 진리를 사유하기 위해서는 세 가지 개념이 필요하다. 선언하는 순간에 주체를 명명하는 개념(피스티스πίστις. 통상 '믿음'으로 번역하지만 '확신'으로 하는 것이 더 적절하다)과 이 확신을 투쟁적으로 말 건네는 순간에 주체를 명명하는 개념(아가페ἀγάπη. 통상 '자애'라고 번역하지만 '사랑'으로 하는 것이 더 적절하다) 그리고 마지막으로 진리 과정은 **완성된** 성격을 가진다는 가정에 의해 주체에게 부여되는 전위轉位의 힘에 따라 주체를 명명하는 개념(엘피스ἐλπίς. 통상 '희망'이라고 번역하지만 '확실성'으로 하는 것이 더 적절하다).

4. 진리는 그 자체로는 예를 들어 로마 제국의 상태와 같은 정황적 상태와는 무관하다. 그것은 진리가 이러한 상태에 의해 규정되어 있는 부분 집합들의 조직으로부터 빠져나와 있음을 의미한다. 이러한 이탈에 상응하는 주체성은 **국가[상태]**에 대한, 사고방식들 속에서 그러한 **국가[상태]**에 상응하는 것 — 의견이라는 장치 — 에 대한 일종의 필연적 **거리**다. 바울 말대로 시류적 의견들에 대해 논쟁해서는 안 된다. 진리는 집중적이고 진지한 공정이기 때문에 결코 기존의 의견들과 경쟁해서는 안 된다.

사건의 내용을 차치할 경우 이러한 준칙 중 우리 상황과 철학적 과제들에 적절히 사용할 수 없는 것은 하나도 없다.

물론 그러한 준칙들의 기저에 깔린 개념적 구성을 펼쳐내야 한다는 것은 변함이 없다. 누구도 진리가 요구하는 것에 대해 예외일 수 없다는 결론하에 참된 것$^{\text{le vrai}}$을 율법에서 떼어내 우리가 여전히 의존하고 있는 문화 혁명을 홀로 일으킨 사람을 정당하게 평가함으로써 말이다.

2

|

바울은 누구인가?

 성자전에서 흔히 볼 수 있는 대로 독실한 체하는 문체로 시작해보기로 하자. 바울(본명은 고대 이스라엘의 초대 왕의 이름인 사울이다)은 서기 1~5년 사이(엄밀한 학문적 관점에서 보아 이보다 더 정확하기는 불가능하다)에 타르수스*에서 태어났다. 따라서 그는 예수와 동일한 세대에 속하는데, 모두 알다시피 예수는 — 하지만 이러한 순환성은 흥미로운데 — 태어나는 동시에 '우리' 시대(오히려 '그의' 시대)를 서기 1년으로 제도화함으로써 본인의 출생 연도를 확립한 바 있다. 바울의 아버지는 천막을 만드는 장인이자 장인=상인이었다. 아버지는 로마 시민권자였으며, 따라서 바울도 마찬가지였다. 어떻게 그의 아버지는 시민권을 획득할 수 있었을까? 어떤 증거도 없지만 가장 단순한 추측은 돈을 주고 샀다고 생각해보

* 오늘날의 터키 중남부에 있는 이첼 주의 한 도시.

는 것이다. 로마인 관리 하나쯤 매수하는 것은 부유한 상인에게는 그리 어려운 일이 아니었을 테니까 말이다. 바울은 바리새파 유대인이다. 그는 열정적으로 그리스도교 박해에 가담한다. 그리스도교도들은 정통파 유대인들에 의해 이단으로 여겨지고 있었으며, 그 결과 법적으로 처벌받고 또한 구타당하거나 돌에 맞거나 추방당하는데, 각각의 정도는 유대 공동체 내의 다양한 분파들 사이에 존재하는 권력 투쟁의 양상에 따라 달랐다.

예수의 처형은 대략 30년경, 티베리우스 통치 기간에 이루어졌다. 33년인가 34년 다마스쿠스로 가던 바울은 신을 만나 강력한 충격을 경험하고 그리스도교로 개종한다. 이후 그는 저 유명한 선교 여행을 시작한다. 그러고는 계속해서 등등······.

하지만 이 모든 것이 무슨 소용이란 말인가? 그러한 내용을 다루고 있는 책들은 얼마든지 있다. 그러니 곧장 원리^{doctrine}로 향하기로 하자.

하지만, 아니다, 그러는 대신 잠깐 멈추어보기로 하자. 바울은 반철학의 주요 인물이다. 그런데 주체적 입장이 담론 속에서 결정적 요소로 부각되는 것이야말로 반철학의 본질이다. 실존적 고민을 담은 단편들이 — 종종 겉으로 보기에는 일화적인 것에 그치는 경우도 있다 — 진리의 담지자라는 지위로까지 격상되기도 한다. 『고백록』 없는 루소를 상상할 수 있을까? 레기나와의 약혼과 관련된 세세한 내용을 알지 못하고 키에르케고르를 생각할 수 있을까? 또는 『이 사람을 보라』에서 시종일관해 "왜 나는 하나의 운명인가?"라는 질문을 던질 만한 충분한 이유들에 대해 줄곧 증인이 되지 않고도 니체를 생각할 수 있을까? 반철학자에게 있어 말하는 사람의 위치는 분명히 말하는 내용에 따른 규약의 일부이다. 어떤 담론도 "누가 말하는가"라는 질문에 대한 명확한 대답을 갖고 있지 않다면 진리를 주장할 수 없다.

바울은 편지를 보낼 때마다 항상 자기가 주체로서 말할 수 있는 자격을 갖추고 있음을 환기시킨다. 그리고 그러한 주체가 **되었다**. 그는 다마스쿠스로 가는 길에 갑자기 그러한 주체가 되었다(사람들이 믿고 있듯이 이처럼 특수한 경우에 일단 한 번만, 정말 딱 한 번만 『신약성서』가 「사도행전」이라는 제목으로 제공하고 있는 바울의 꾸며진 전기를 믿어본다면 말이다). 그와 관련된 이야기는 잘 알려져 있다. 열성적인 바리새인으로 그리스도교도들을 박해하기 위해 다마스쿠스로 가는 길에 신비스러운 목소리를 듣고 진리와 소명에 눈을 뜨게 되었다는 것이 그것이다.

다마스쿠스로 가는 도중 벌어진 일에 대해 '개종'이란 말을 쓰는 것이 합당한가? 그것은 하나의 청천벽력이었으며 중간 휴지休止였지 변증법적 전도顚倒는 아니었다. 그것은 새로운 주체를 세울 것을 요구하는 요청이었다. "나는 하나님의 은총으로 오늘의 내가 되었습니다εἰμὶ ὅ εἰμι"(「고린도전서」, 15장 10절). 이처럼 다마스쿠스로 가는 길에 절대 우연적인 개입에 의해 불러내어진 것은 '내가 됨'$^{je\ suis}$ 그 자체였다.

어떤 의미에서 그러한 개종은 어느 누구에 의해 이루어진 것이 아니었다. 왜냐하면 바울은 '교회'의 대리인들에 의해 개종된 것이 아니기 때문이다. 누구 편에 동조한 것이 아니었다. 누가 그에게 복음을 전한 것이 아니었다. 분명히 길 위에서의 우연한 만남은 정초적 사건과 닮았다. 부활이 전혀 예상할 수 없는 것이며, 바로 그것으로부터 시작해야 하는 것이듯 바울의 믿음은 바로 그가 주체로서 출발하는 지점으로, 어떤 것도 그를 그러한 지점으로 이끌고 가지 않았다. 이 사건 — 길이라는 익명성 안에서 순수하고 단순하게 '도래한' — 은 그리스도의 부활이라는 엄밀한 의미에서의 사건의 주체적 신호이다. 이 사건은 바울 본인 안에서 일어난 주체의 (다시)일어남$^{(ré)surrection}$[(부)활]이다. 이 사건은 실존과 원리가 연결되는 전형적인 주형$_{鑄型}$을 보여주는데, 왜냐하면 바울은 '개종'의 조건들로부터 오로지 믿음, 믿음의 선언으로부터만 시작될 수 있는 결과를 끌어내고 있기 때문이다. 그리스도교 주체의 갑작스런 출현은 무조건적이다.

따라서 바울의 메시지를 파악하려면 결코 그의 삶을 둘러싸고 있던 정황을 무시해서는 안 된다. 이와 관련해 다행히도 우리가 무엇보다 커다란 중요성을 부여하고 있는 정황들은 바울 본인이 서한들 속에 짜 넣은 것들이기도 하다. 왜냐하면 신뢰할 수 있는 독자적인 증거는 극히 드물기 때문이다. 이미 언급했듯이 「사도행전」의 이야기는 회고적으로 구성된 것으로, 그것의 의도들은 이미 현대 비평에 의해 밝혀진 바 있으며, 그것의 형태는 대부분 그리스의 우화의 수사학에서 차용한 것이다. 그러한 이야기의 실재적인 요소들을 그것을 감싸고 있는 교화적인(그리고 정치적인 의도를 가진) 우화로부터 구분하려면 극히 예외적일 정도로 의심에 의심을 품어가며 엄격하게 접근해야 한다. 특히 우리는 이러한 소규모의 유대인 이교도 집단에 대해 전혀 관심이 없는 로마 시대의 사료를 매개로 이러저러한 세부 사항을 검증하는 방법 말고는 달리 앞으로 나아갈 방법이 없다. 게다가 우리는 이 사도가 죽은 지 적어도 한 세기가 지나서야 『신약성서』 안에 경전으로 수록된 '바울의 서한들'에 대해서조차도 의심해야만 한다. 학문적인 성경 주해는 이 기본적인 저자의 본 저작corpus은 궁극적으로는 6편의 다소 짤막한 텍스트, 즉 「로마서」, 「고린도전서」, 「고린도후서」, 「갈라디아서」, 「빌립보서」, 「데살로니가전서」로 축소시켜야 할 정도로 그러한 서한들 중 많은 것이 정경正經으로 받아들이기에는 의심스러운 성격을 갖고 있다는 것을 밝혀낸 바 있다. 그럼에도 불구하고 그것만으로도 몇 가지 주요한 주제적 특징을 확정하고 몇몇 결정적인 에피소드의 사실성을 보증하기에 충분하다.

예를 들어 바울이 아주 자랑스럽게 들려주고 있는 결정적인 시점에 대해 살펴보기로 하자(바울은 분명히 내성적인 사람도 위선적으로 겸손한 사람도 아니다). 다마스쿠스에서 회심한 이후 그는 무엇을 하는가? 어쨌든 우리는 **그가 하지 않은 일**

올 안다. 그는 예루살렘으로 가지 않는다. 권위자들, 제도상의 사도들, 그리스도를 개인적으로 아는 사람들을 만나러 예루살렘으로 가지 않는다. 바울은 스스로의 눈에 자기를 사도로 세우고 있는 사건을 '확인'받으러 가지 않는다. 그는 이러한 [새로운] 주체의 돌발적 출현을 모든 공식적 인준의 밖에 둔다. 아마 바로 여기서 본인의 운명에 대한 흔들림 없는 확신이, 여러 차례에 걸쳐 베드로를 중심인물로 하는 역사적 사도들의 핵심부와 갈등을 빚게 만드는 확신이 나왔을 것이다. 개인적으로 자기를 주체-되기로 소환했던 목소리의 권위 이외의 모든 권위를 버리고 바울은 복음을 선언하기 위해, 일어난 일이 정말 일어났음을 알리기 위해 아라비아로 떠난다. 개인적 사건으로 무장하고 부활이라는 비인격적 사건을 선언할 근거를 가진 인간으로서 말이다.

바울은 아라비아에 3년 동안 머문다. 의문의 여지 없이 그의 생각으로는 투사로서 워낙 뛰어난 것이 충분한 담보가 되기 때문에 이러한 유예 기간을 잘 견디면 마침내 교회의 '역사적 지도자들'을 만날 수 있는 자격을 갖게 될 것처럼 보였다. 우리는 비록 원칙 문제들과 관련된 한 완고하고 심지어 극단적이기까지 하지만 바울 또한 정치가라는 것을, 즉 합리적 타협, 특히 말을 통한 타협의 가치를 아는 사람이었다는 것을 나중에 보게 될 것이다. 그러한 타협은 바울이 선택한 장소와 지역들(가급적이면 그의 적이 별다른 기반이 없는 곳)에서 행동의 자유를 약간만 방해했을 뿐이다. 그리하여 바울은 예루살렘으로 가서 베드로와 사도들을 만나고, 그런 다음 다시 떠난다. 우리는 이 첫 만남에서 논의된 쟁점에 대해서는 아무것도 모른다. 그러한 만남은 바울에게 예루살렘이라는 '중심'에 자주 자문해야 할 필요성을 납득시키지 못한 것처럼 보인다. 왜냐하면 두번째의 투사적 여행 기간은 14년 동안이나 지속되기 때문이다! 실리시아,* 시리아, 터키, 마케도니아, 그리스 바울의 행동의 **탈중심적** 차원은 그의 사유의 실천적 하부 구조인데, 그것은 모든 진정한 보편성은 중심을 결여하고 있다는 것을 상정하고 있다.

우리는 이러한 투사적 편력이 어떤 기능을 했는지 대략은 알고 있다. 이 시기에 유대교는 여전히 사람들을 개종시키고 있는 중인 종교였다. 흔히 생각하듯이 이방인들에게 말을 거는 것은 바울이 창안해낸 것이 아니다. 유대교 방식의 개종은 견고하고 정교하게 발달되어 있었다. 그것은 청중을 두 집단으로, 시대착오를 무릅쓰고 오늘날의 용어를 사용하자면, 동조자와 추종자들로 구분했다.

1) '신을 두려워하는 자들'은 일신교의 보편적인 정당성은 인정하지만 율법의 규정, 특히 할례는 면제된다.

2) 개종자들은 율법의 규정들을 준수해야 할 의무를 지고, 할례도 받아야 한다. 여기서 할례는 그것이 개종 형태로, 즉 기본적인 입문 형태로 기능한다는 것을 보여준다.

이처럼 바울을 유대인 공동체로부터 고립시킨 것은 기본적

* 터키 동남부의 지중해 연안에 있는 지방.

으로는 그가 이방인들에게 말을 건넨 사실이 아니다. 게다가 바울은 그러한 공동체의 제도들에 기반해 가르침을 시작한다. 어떤 도시에 도착해 그가 먼저 들른 곳은 바로 시나고그*였던 것이다. 교의상의 이유로 바울과 유대교 정통주의자들과의 관계가 여의치 않았던 것은 그리 놀랄 일이 아니다. 왜냐하면 바울은 예수가 메시아**라는 것**('그리스도'란 단지 히브리어 '메시아'에 해당하는 그리스어일 뿐이며, 따라서 바울의 복음과 예언자적 유대교 사이의 유일한 연속성은 예수=그리스도라는 등식뿐이라는 점을 상기하라)을 완고하고 끈질기게 단언했기 때문인데, 그러한 단언은 대부분의 유대인들의 눈에는 — 극히 강력하고 당연한 이유에서 — 하나의 기만일 뿐이었다. 당대의 조건들에 비추어 볼 때 굉장히 격렬했을, 잘라 말해 목숨을 무릅써야 했을 여러 사건들을 겪은 후 바울은 시나고그를 포기하고 지역의 동조자들의 가정으로 후퇴한다. 거기서 그는 유대인-그리스도인들과 이교도-그리스도인들을 포괄하는 집단을 구성하려 애쓴다. 이교도-그리스도인들이 급속히 이 집단의 추종자들의 다수를 구성하게 된 것처럼 보인다. 바울이 유대의 유산, 특히 의례^{儀禮}와 관련해 최소한의 양보만을 허락했음에 비추어 보면 그러한 사실은 전혀 놀랄 것이 없다. 일단 그러한 집단이 그의 눈에 충분히 공고해진 것으로 보이자(얼마 후 이 집단은 에클레시아^{ecclésia}라고 불리게 되는데, 이로부터 '교회^{église}'라는 말이 나오게 되었음은 분명하다. 물론

---

* 유대 교회당.

전자의 경우에는 주로 소규모의 투사들을 포함하고 있었다는 것을 염두에 두어야 하지만 말이다) 이 집단의 운영을 바울은 훌륭한 신앙심을 지니고 있다고 판단한 사람들, 그의 대리인이 될 사람들에게 위임한다. 그리고 선교 여행을 계속한다.

그렇게 해서 한 도시에서 구성된 신자들의 소수 핵심부와 지역 전체를 동일시 ― 그는 끊임없이 그러한 방향으로 나아간다 ― 하는 것보다 바울이 본인의 행동의 미래를 확신하고 있었다는 것을 잘 증언해주는 것도 없다. 로마인들은 두말할 필요도 없고 바울이 생기 넘치고 위엄 있는 어조로 서한을 보내고 있는 이들 데살로니가 사람들, 고린도 사람들은 누구인가? 아마 도시 속에 숨어 사는 몇몇 '형제들' ― 우리의 '동지들'의 고대적인 형태 ― 이었을 것이다. 익명의 개인들은 하나의 진리로 통분 가능하기 때문에 항상 인류 전체의 벡터들로 변형된다. 여기서는 단지 1940년 또는 1941년의 소수의 레지스탕스 투사들이 바울의 고린도인 등과 동일한 위치를 차지하고 있었다는 점만 언급하고 넘어가기로 하자. 왜냐하면 프랑스에 고유한 실재를 보여주려면 바로 이들에게, 아니 오직 이들에게만 말을 건네는 것이 옳기 때문이다.

바울은 아무리 멀리 있어도 그가 산파역을 맡아 태어난 신자들의 핵심부를 시야에서 놓치지 않는다. 그의 서한들은 이 핵심부들의 삶에 대한 개입에 다름 아니다. 그리고 그러한 개입에 고유한 정치적 열정으로 가득 차 있다. 내부 분열에 맞선 투쟁, 근본 원리들에 대한 환기, 각 지역의 조직가들에 대한 신뢰의 거듭된 표명, 쟁점들에 대한 검토, 꾸준한 선교 활동을 강화할 것에 대한 요구, 재정의 조직 등등. 어떤 대의를 내세우는 조직을 위해 싸우는 활동가라면 어느 것 하나 집단적 개입에 대한 관심과 열정에서 근본적으로 중요하다고 인정하지 않을 수 없는 것들이다.

이처럼 조직을 결성하기 위해 — 글로 된 흔적은 하나도 남아 있지 않다 — 14년간을 여행한 끝에 우리는 대략 서기 50년경에 와 있다. 예수가 죽은 지 약 20년 후이다. 다마스쿠스에서 부름을 받은 지도 17년이 지났다. 그도 이제 50대로 본인을 '늙은 바울'이라고 부르던 때다. 우리에게 전해진 초기 텍스트들은 바로 이 시기로 거슬러 올라간다. 왜? 몇 가지 가설을 제시해볼 수 있을 것이다.

주로 이교도-그리스도인들로 구성된 집단들을 책임지고 있었기 때문에 바울은 당시 로마와 알렉산드리아에 이어 제국의 제3의 아주 큰 도시였던 안디옥[안티오크]에 머물고 있었다. 바울은 타르수스의 유복한 가정에서 태어났다는 사실을 상기하라. 즉 그는 시골 사람이라기보다는 도시 사람이었다. 그것은 결코 사소한 사실이 아니다. 그의 문체는 예수의 비유들 속에서는 풍부하게 나타나고 있는 시골의 이미지와 은유들에는 아무것도 빚지고 있지 않다. 사물을 보는 그의 시각이 전 세계라는 차원을 열정적으로 감싸 안고 제국의 극단의 경계들에까지 확장된다면(그의 가장 소중한 염원은, 마치 동방 사람인 그가 서방의 서쪽 끝에서 비로소 사명을 마칠 수 있기라도 하듯 에스파냐에 가는 것이었다) 그것은 바로 도시적 코스모폴리타니즘과 오랜 [선교] 여행이 그처럼 폭넓은 시야를 마련해주었기 때문이다. 바울의 보편주의는 또한 내적인 지리를 포함하고 있는데, 그것은 한곳에 영구히 머무르는 소지주의 보편주의와는 전혀 무관하다.

바울이 [그리스도교] 교리의 핵심들에 대해 쓰기 시작하고, 그의 텍스트들이 다시 필사되어 회람된 것은 그가 대규모 투쟁에 개입할 필요성을 의식하고 있었기 때문이었을 것이다. 당시 상황이 그로 하여금 본인을 당파[parti]나 또는 한 분파의 지도자로 생각하도록 강요했을 것이다.

바울이 안디옥에 체류할 동안 율법을 엄수하는 유대인-그리스도인들이 도착한다. 이들은 바울과 충돌해 분란을 일으켰으며, 모든 신자들의 할례를 요구했다. 다시 한번 여기서도 관건은 비유대인들에 대한 개종이 아니었다. 쟁점은 바울이 본인이 규합한 사람들을 두 집단으로, 즉 교리의 동조자들과 의례에 참가하고 할례를 행한 '진정한' 개종자들로 구분하는 것에 동의하지 않은 것이었다. 바울에게(이 점에서 우리도 그와 견해를 같이한다) 진리 과정이란 여러 단계를 포함하고 있지 않다. 그러한 과정에 참가해 정초적 사건을 선언하고 그에 따른 결과들을 끌어내거나 아니면 그러한 과정에 이방인으로 머물거나 둘 중 하나일 뿐이다. 어떤 중간항도 매개도 없는 그러한 구분은 전적으로 주체적인 것이다. 의식과 외부적인 표지들은 그러한 구분을 위한 토대를 마련해줄 수도, 심지어 식별해줄 수도 없다. 바로 그것이 진리가 보편적 개별성으로서의 위상을 갖기 위해 치러야 하는 대가이다. 어떠한 진리의 과정은 오직 — 그러한 과정이 실재를 가리킬 수 있는 지점에서 — 그러한 진리의 개별성에 대한 즉각적인 주체적 인정에 의해 지탱될 수 있을 때만이 보편적일 수 있다. 그렇지 않으면 율법의 준수나 특수한 징표들에 의지해야 하는데, 그것은 복음을 한 공동체의 공간에 **고착시키고**, 그것이 보편적으로 전개되는 것을 막을 뿐이다. 따라서 바울은 어떤 출신이든, 할례를 받았든 받지 않았든 모든 개종자들을 그리스도교를 온전히 수행하는 신자들로 여긴다. 율법을 엄수하는 유대인-그리스도인들은 귀속의 정도를 구분짓는 관습을 유지하고 있었고, 할례라는 징표도 또 유대 공동체의 의례적 관습도 따르지 않는 사람들을 자신들과 동등하게 여기는 것은 실로 추문에 가까운 것이라고 여겼다. 단적으로 말해 **율법을 하나도 모르며, 따라서 그에 대한 존경심이라곤 하나도 없는 사람**이라고 생각한 것이다.

심각한 불화가 이어졌다. 마침내 예루살렘에서 역사적 사도들과 만나 문제를 해결하기로 결정되었다. 이것이 바울과 베드로의 두번째 만남으로, 이 만남의 쟁점에 대해서는 우리도 알고 있다. 그것은 새로운 교의의 운명을 결정지은 중대한 충돌이었다. 새로운 교의는 어느 정도까지 유대 공동체의 기원에 종속되어 있는가? 나의 언어로 다시 옮기자면, 사건 이후적^{postévénementiel} 진리를 전제하는 보편성(즉 그리스도의 부활로부터 유추되는 것)과 사건적 거점, 즉 두말할 나위 없이 『구약성서』를 통해 응집된 민족 사이의 정확한 관계는 무엇인가? 유대 공동체에의 소속을 보여주는 전통적 표징들은 이러한 진리의 구성과 관련해, 그리고 로마 제국의 여러 민족들에게서의 그러한 진리의 펼쳐짐과 관련해 어떤 중요성을 갖는가?

이러한 질문들과 관련해 예루살렘 공의회(50년? 아니면 51년?)는 결정적인 중요성을 가졌는데, 개별성과 보편성의 결합이라는 문제를 조정하려고 했기 때문이다. 특히 이 공의회에서 쟁점이 되었던 것은 할례였는데, 바울은 의도적으로 디도라는 할례받지 않은 신도를 동반하고 예루살렘으로 온다. 그러나 배후에는 다음과 같은 문제가 도사리고 있었다. 누가 부름을 받았는가? 신의 부름을 받는 것이란 무엇인가? 거기에는 눈에 보이는 표징이 있는가? 그리고 마지막으로, 주체란 누구인가? 무엇이 주체를 표시하는가?

율법의 엄수를 주장하는 유대인-그리스도인 진영에서는 그리스도라는 사건이 구질서를 폐지한 것은 아니라고 주장했다. 주체에 대한 그들의 이해는 변증법적이다. 그것은 사건의 힘을 부정하는 문제가 아니다. 그것은 그러한 사건의 새로움은 믿음의 전통적 거점을 보존하고 재건하며, 그것을 지양함으로써 그러한 거점을 통합시킨다고 주장하기 때문이다. 그리스도라는 사건은 **율법**을 완성하는 것이지 폐지하는 것이 아니다. 따라서 전통적으로 내려온 표징들(예를 들어 할례)은 여전히 필수적이다. 심지어 그러한 표징들은 이처럼 새로운 소식에 의해 다시 취해지고 고양되어 아름답게 변모되고 그만큼 더 그러한 소식을 위해 적극적으로 쓰일 수 있다고까지 말할 수 있을 것이다.

바울은 자기가 두번째 분파를 이끌고 있음을 알았다. 바울이 보기에 그리스도라는 사건은 이전의 표징들을 쓸모없게 만들고, 새로운 보편성은 유대인 공동체와 어떠한 특권적 관계도 갖고 있지 않다. 분명히 그리스도라는 사건의 구성 요소들, 장소, 그것이 동원하는 모든 것의 거점은 유대인 공동체이다. 바울 본인도 온전한 유대적 소양을 지닌 사람으로 예수가 살아 있을 동안 했다고 추정된 말들보다 『구약성서』를 훨씬 더 자주 인용했다. 그러나 그와 같은 사건이 **그것의 존재에서는** 그러한 유대적 거점에 종속될지라도 **그것의 진리 효과들**에서는 그러한 장소로부터 독립적이어야 한다. 공동체의 표징(할례, 의례들, 율법의 엄수)이 옹호될 수 없거나 틀려서 그런 것이 아니다. 진리의 사건 이후적인 정언 명령이 그러한 **표징을 무관한 것으로**(그것이 더 나쁘다) 만들기 때문이다. 그것은 긍정적이든 부정적이든 더이상 의미를 갖지 않는다. 바울은 할례에 반대하지 않았다. 그는 엄정하게 "할례를 받은 것이나 안 받은 것이나, 그것은 문제가 아닙니다"(「고린도전서」, 7장 19절)라고 밝힌다. 유대인-그리스도인들에게 이 말은 명백한 신성 모독이다. 하지만 그것이 이교도-그리스도인들을 위한 주장이 아니라는 것에 유의하자. 왜냐하면 그것을 통해 할례받지 않는 것이 어떤 특별한 가치를 갖게 되는 것은 아니었으며, 따라서 어떤 식이든 그것은 고집할 수 있는 것은 아니었기 때문이다.

철학적으로 재구성된 이 논쟁은 세 가지 개념에 근거하고 있다. 중단(사건은 무엇을 중단시키고, 무엇을 보존하는가?). 충실성(사건적 중단에 충실하다는 것은 무엇인가?). 표징(충실성을 나타내는 표징이나 표시가 있는가?). 다음과 같은 근본적 질문이 이 세 가지 개념의 교차점에서 결정화된다. 진리 과정의 주체는 누구인가?

우리는 예루살렘 공의회의 존재와 쟁점들을 바울 본인의 짧은 이야기를 통해서만, 즉 「사도행전」 속에 연출되어 있는 장면들을 통해서만 알고 있다. 그것이 타협, 즉 영향권에 대한 일종의 경계 설정으로 끝났다는 것은 분명하다. 타협의 공식은 이렇다. 즉 유대인들 속에서 사역하는 사도들도 있고, 이교도들 속에서 사역하는 사도들도 있다는 것이다. 베드로는 유대인들의 사도요, 바울은 이방인들, 에드노이ἔθνοι('민족들'이라고 번역되며, 실제로는 유대 민족 이외의 모든 민족들을 가리킨다)의 사도이다.

바울은 「갈라디아서」, 2장 1~10절에서 이 에피소드를 이렇게 전하고 있다.

그 뒤에 14년이 지나서, 나는 바나바와 함께 디도를 데리고, 다시 예루살렘으로 올라갔습니다. 내가 그리로 올라간 것은 계시를 따른 것이었습니다. 나는 이방 사람들에게 전하는 복음을 그들에게 설명하고, 유명한 사람들에게는 따로 설명했습니다. 그것은, 내가 달리고 있는 일이나 지금까지 달린 일이 헛되지 않게 하려고 한 것입니다. 나와 함께 있던 디도는 그리스 사람이지만, 할례를 강요받지 않았습니다. 몰래 들어온 거짓 신도들 때문에 할례를 강요받는 일이 있었던 것입니다. 그들은 우리를 노예로 만들고자 하여, 그리스도 예수 안에서 누리는 우리의 자유를 엿보려고 몰래 끼어든 자들입니다. 우리는 그들에게 한순간도 굴복하지 않았습니다. 그것은, 복음의 진리가 언제나 여러분과 함께 있게 하려고 한 것입니다. 그 유명하다는 사람들로부터 나는 아무런 제안도 받지 않았습니다. ─ 그들이 어떤 사람들이든지, 나에게는 아무 상관이 없습니다. 하나님께서는 사람을 겉모양으로 판단하지 않으십니다. ─ 그 유명한 사람들은 나에게 아무런 제안을 하지 않았습니다. 도리어 그들은, 베드로가 할례받은 사람에게 복음을 전하는 일을 맡은 것과 같이, 내가 할례받지 않은 사람에게 복음을 전하는 일을 맡은 것을 알게 되었습니다. 그들은, 베드로에게는 할례받은 사람에게 복음을 전하게 하시려고 사도직을 주신 분이, 나에게는 할례받지 않은 사람에게 복음을 전하게 하시려고 사도직을 주셨다는 사실을 깨달았습니다. 그래서 기둥으로 인정받는 야고보와 게바와 요한은, 하나님께서 나에게 주신 은혜를 인정하고, 나와 바나바에게 오른손을 내밀어서, 친교의 악수를 했습니다. 그렇게 하여, 우리는 이방 사람에게로 가고, 그들은 할례받은 사람에게로 가기로 했습니다. 다만, 그들이 우리에게 요구한 것은 가난한 사람을 기억해달라고 한 것인데, 그것은 바로 내가 마음을 다하여 해오던 일입니다.

이것은 완전히 정치적인 텍스트로, 그로부터 적어도 세 가지 점을 간직해야 한다.

1. 이 담론이 제아무리 정제된 성격을 갖고 있다 하더라도 우리는 혹독한 논쟁이 치러졌음을 알 수 있다. 율법을 엄수하는 유대인-그리스도인들(틀림없이 배후에서 안디옥의 내분을 가중시켰을 것이다)을 '거짓 신도'로 비난하고 있으며, 이들의 압박에 대한 굴복 여부가 명백히 문제 삼아지고 있다. 그리고 합리적 타협이라는 정신에 따라 상징적인 통제 역할을 수행하면서 투사적 기능 속에 들어 있는 일종의 경험적 이중성을 승인하고 있는 베드로(게바*), 야고보, 요한 같은 역사적 사도들의 중재가 있었다. 주목할 것은 그럼에도 불구하고 그러한 결론에서 어느 것도 그처럼 명백하게 근본적인 질문에 대해 어느 쪽 주장이 취해졌는지를 보여주고 있지 않는 것이다. 바울이 이방인들을 맡는 것과 그가 이교도들에게 어떤 의례나 표징도 부과하지 않는 것은 다른 문제로, 분명히 공의회는 이 후자에 대해 해결을 보지 못했다.

2. 이 텍스트에서 핵심적인 순간은 그의 적대자들이 "우리를 노예로 만들고자 하여, 그리스도 예수 안에서 누리는 우리의 자유"를 엿보았다고 바울이 공언할 때다. 왜냐하면 자유는 바울의 담론에서 핵심이라 할 수 있는 율법 문제를 끌어들이기 때문이다. 결국 율법과 주체의 관계는 무엇인가? 모든 주체는 율법적 예속이라는 형태로 틀지어져 있는가? 예루살렘

---

* '반석'이라는 뜻의 아람어.

공의회는 아무것도 해결하지 않고 이처럼 이율배반적 경험들이 펼쳐지도록 내버려두었다.

3. 바울의 방어적 어조(그는 분명히 자기 활동을 계속할 수 있는 권리를 인정받기 위해 변론하고 있다)를 포함해 모든 것은 타협이 불안정한 것임을 보여준다. 하지만 그렇다고 하여 그러한 타협이 역사적 영향력이 없었다는 것은 아니다. 그렇기는커녕 영향력은 지대했다. 바울의 활동과 율법을 엄수하는 유대인-그리스도인들의 활동이 동시에 전개되는 것을 허용함으로써 예루살렘 공의회는 궁극적으로는 그리스도교가 유대교의 한 종파, 즉 (다른 많은 분파들의 뒤를 이어) 하나의 불안정한 분파가 되는 것을 방지할 수 있었다. 하지만 아마도 바울 본인까지 포함해 유대교에 적대적인 이교도-그리스도인들의 열정을 제한함으로써 그리스도교가 그저 새로운 신비적 계시론, 즉 역사적 유대교의 모든 뿌리를 결여하고 있기 때문에 불안정하기는 마찬가지인 신비적 계시론이 되는 것 역시 막을 수 있었다. 이 공의회는 진정 정초적이었는데, 그리스도교에 개방성과 역사성이라는 이중의 원칙을 부여해주었기 때문이다. 이처럼 이 공의회는 진리 과정으로의 진입이라는 사건의 줄을 팽팽히 당겨놓았다. 사건이 새로운 것이라고 해서 그것이 새로울 수 있는 것은 특정한 상황, 즉 사건이 그것이 일어난 거점의 요소들을 동원해 들이는 하나의 특정한 상황과 관련해서만 그렇다는 것을 잊어서는 안 된다. 확실히 이 공의회는 사건성과 상황에의 내재성이라는 이처럼 힘든 짝짓

기의 내용을 고정시키고 있지 못한 것처럼 보인다. 하지만 이 공의회가 그러한 짝짓기의 가능성을 경험적으로 조율한 것만으로도 이미 작지 않은 일이다. 따라서 만일 베드로가 예루살렘에서의 타협의 설계자였던 것이 사실이라면 그는 충분히 교회의 반석이라는 칭호를 받을 만하다.

심지어 예루살렘 공의회가 끝난 후에도 상황이 긴장되어 있었다는 것은 바울이 이 공회의에 대한 이야기 바로 직후에 언급하는 '안디옥 사건'에 의해서도 확인되는데, 그것은 아마 같은 해 말에 일어난 것처럼 보인다. 이 사건은 「사도행전」에는 일절 언급되어 있지 않은데, 그것은 「사도행전」은 공식 문헌으로 그리스도교의 초기 수십 년 동안에 대해 설명해주는 것을 기본 기능으로 하고 있기 때문에 최대한 일관되고 유기적이며 '로마 제국적'이어야 했다는 견해를 지지해주고 있다.

안디옥 사건은 무엇이었을까? 베드로는 바울이 되돌아온 안디옥으로 찾아간다(시찰 여행?). 문제가 된 것은 유대인이 아닌 사람들과 함께 의례에 쓴 음식을 나누어 먹을 수 있는가였다. 베드로는 처음에는 이방인들과 동석했으나 야고보의 제자들이 들어오는 것을 보자 자리에서 일어난다. 바울은 이것을 아주 언짢게 여겼다. 베드로의 그러한 행동이 이전의 타협을 배신하는 위선적인 태도라고 생각했음에 틀림없다. 텍스트는 맹렬한 격노의 흔적을 그대로 담고 있다.

그런데 게바[베드로]가 안디옥에 왔을 때에 잘못한 일이 있어서,

나는 얼굴을 마주 보고 그를 나무랐습니다. 그것은 게바가, 야고보가 보낸 사람들이 오기 전에는 이방 사람들과 함께 먹다가, 그들이 오자, 할례받은 사람들을 두려워하여, 그 자리를 떠나 물러난 일입니다. 나머지 유대 사람들도 그와 함께 위선을 했고, 마침내는 바나바까지도 그들의 위선에 끌려갔습니다. 나는, 그들이 복음의 진리를 따라 똑바로 걷지 않는 것을 보고, 모든 사람 앞에서 게바에게 이렇게 말했습니다. "당신은 유대 사람인데도 유대 사람처럼 살지 않고 이방 사람처럼 살면서, 어찌하여 이방 사람더러 유대 사람이 되라고 강요합니까?"(「갈라디아서」, 2장 11~14절).

바울은 즉시 베드로에 의해 잘못된 길에 들어서게 된 바나바와 관계를 끊는다. 모든 것은 원칙에의 충실성이 문제될 때 바울이 어떤 타협도 거부하고 있음을 보여준다.

겉으로 드러난 수수께끼는 다음과 같다. 바울은 왜 베드로에게 유대인인 그(베드로)가 이방인들처럼 살고 있다고 하는가? 그에 대한 대답은 예루살렘에서의 합의에 대한 무언의 언급을 전제하고 있다. 합의에 비추어 볼 때 베드로가 한 짓은 표리부동한 행위나 마찬가지이다. 위선적으로 협약을 존중하지 않은 것이다. 율법을 내세우고 있는 자에게는 심각한 과실이다. 바울이 베드로를 비난한 것은 베드로 스스로가 유대인의 존재 방식이라고 주장한 이미지에 전혀 맞지 않는 방식으로 행동했기 때문이다. 그리하여 베드로는 이방인들에게 그러한 이미지에 부합하도록 하고 이질적인 의례를 실천하도록 강요할 권리를 스스로 저버렸던 것이다.

이 안디옥 사건의 중요성은 아무리 강조해도 지나치지 않다. 베드로가 본인의 원칙들과 관련해 그토록 일관되지 못하고 이미 맺어진 타협에도 충실치 않은 모습을 보일 수 있다는 사실은 바울에게 새로운 원칙들이 필요하다는 생각을 주입하게 된다. 이 사건은 그에게 전에는 절대적인 명령이었던 **율법**이 심지어 그것을 내세우는 사람들에게조차 더이상 유지될 수 없음을 보여주었다. 그것은 바울의 핵심적인 테제 중의 하나, 즉 율법이 죽음의 형상이 **되었다**는 주장에 힘을 실어주었다. 베드로의 상황, 즉 행동의 필요 조건들과 관련해 볼 때 불확실하며, 위선적이고 '비난받아 마땅하며', 기본적으로 죽음을 향한 상황은 그리스도교의 빈약한 '장치'의 핵심 자체에서 그에 대한 구체적인 증거를 바울에게 보여주었다. 바울에게는 갑자기 분출하는 진리에 맞선 죽음의 원리인 율법과 생명의 원리인 사건의 선언 사이에 공평한 균형을 유지하는 것이 더이상 가능하지 않았다.

그리하여 이제 한 분파의 지도자로 '정상들' 간의 대충돌에서 깨달음을 얻은 바울은 다시 여행길(마케도니아, 그리스)에 오른다. 이 여행들에 대해 「사도행전」은 할리우드식의 설명을 제공하고 있다. 개연성이 아주 부족한 만큼이나 유명한 한 일화는 바울이 '[아테네의] 아레오파고스 언덕 한복판'에서 아테네 철학자들(스토아학파들과 에피쿠로스학파 등등) 앞에서 위대한 연설을 했다고 전하고 있다. 아마 우리는 어쩌면 그러한 일화의 — 최소한 그러한 이야기의 정신과 관련해서 볼 때 — 유감스런 결론 정도는 기억할 수 있을시도 모르겠다. 즉 바울이 죽은 자의 부활에 대해 말하는 것을 들은 그리스 철학자들이 파안대소하며 자리를 떠났다는 것이다. 사실 바울의 선교가 아테네에서 엄청난 성공을 거뒀을 가능성은 거의 없다. 바울이 거기서 어떤 집단도 만들지 못한 데서 잘 알 수 있듯 말이다. 우리는 지금 바울이 직면한 두번째 주요한 전선(첫째는 유대인-그리스도인들과의 충돌)에 위치해 있다. 철학적 지혜에 대한 경멸적 태도가 그것이다. 기본적으로 아테네에서 그를 힘들게 한 것은 바로 그의 반철학이었다. 우리는 「고린도전서」에서 한 반철학자가 철학적 영토를 그런 식으로 원정한 것에 대한 간접적이지만 명확한 결산을 볼 수 있다.

> 형제자매 여러분, 나도 여러분에게 가서 하나님의 비밀을 전할 때에, 훌륭한 말이나 지혜로 하지 않았습니다. 나는 여러분 가운데서 예수 그리스도, 곧 십자가에 달리신 그분 외에는 아무것도 알지 않기로 작정했습니다. 내가 여러분에게로 갔을 때에, 나는 약했고, 두려워했고, 무척 떨었습니다. 나의 말과 나의 설교는 지혜에서 나온 그럴듯한 말로 한 것이 아니라, 성령의 능력이 보여준 증거로 한 것입니다. 그것은, 여러분의 믿음이 인간의 지혜에 바탕을 둔 것이 아니라, 하나님의 능력에 바탕을 둔 것이 되게 하려는 것입니다(「고린도전서」, 2장 1~5절).

문제는 어떻게 그리스도라는 사건을 선언할 수 있는 확신만으로 무장한 채 지혜(소피아σοφία)를 핵심적 범주로 삼고 수사적 우월성(ὑπεροχή λόγου)을 도구로 삼고 있는 그리스의 지적 환경에 부딪칠까를 아는 것이다.

하느님의 말씀과 관련해 우리는 당시 바울이 그리스어로 글을 썼다는 것을 주목할 필요가 있는데, 그리스어는 일종의 국제어(거의 오늘날의 영어와 같았다)로 당시 동방에서는 일상어로 사용되고 있었다. 그것은 결코 일부러 만들거나 자기들끼리만 사용하는 언어가 아니라 상인과 작가들의 언어였다. 따라서 우리는 바울의 말을 당대적이고 일상적인 용법으로 복구시켜야 한다. 수세기 동안 모호한 표현이 난무하는 바람에 그의 말씀은 낡아빠진 것이 되어버리고 말았으니 말이다(그 모든 '신앙'! '자비'! '성령'!이란. 이 얼마나 터무니없는 에너지의 낭비란 말인가!). 그의 말들을 교회만의 특수한 방언으로 생각하지 말아야 한다. 바울이 그리스어의 미묘함에 대해 말할 때 우리는 식자층, 즉 철학자들의 언어는 이미 얼어붙었으며 거의 죽은 상태에 있다는 사실뿐만 아니라 논쟁은 외부로부터, 각자만 이해하지 상대방은 이해할 수 없는 언어들을 힘들게 주고받는 방식으로는 이루어질 수 없다는 것을 기억해야 한다. 갈등은 바로 살아 있는 일상어 안에서 일어나기 때문이다.

수사학으로 무장한 지혜에 대해 바울은 신의 영(프네우마πνεῦμα, 숨결)과 그에 고유한 힘(뒤나미스δύναμις)을 대립시킨다.

인간의 지혜는 신의 권능에 대립하고 있다. 따라서 중요한 것은 "οὐκ ἐν σοφίᾳ λόγου*", 즉 말의 지혜 없이 개입하는 것이다. 이 준칙은 철저한 반철학을 내포하고 있다. 그것은 필로소피아φιλοσοφία에 의해 지지될 수 있는 명제가 아니다. 이 모든 것의 핵심은 주체의 분출은 우주나 자연의 법칙들에 대한 개인적인 순응이라는 수사적 구성물로서는 주어질 수 없다는 것이다.

바울의 이러한 평가는 진지해 보인다. '그리스인들' 앞에서 실패가 있었다. 유대인들은 율법 문제를, 그리스인들은 지혜, 즉 철학 문제를 제기했다. 그러한 것들이 바울의 기획의 두 가지 역사적 관계항이었다. 이러한 관계항들을 피할 수 있는 사유의 길을 찾아야 했다. 대각선적인 궤적을 그리려는 그러한 시도는 대중과 부딪히는 상황에서는 거의 아무런 성공을 거두지 못했고, 단지 소수의 익명의 동반자들만을 규합시켰을 뿐이다. 모든 진리는 그렇게 시작된다.

이제 우리는 네로 황제 치하에 있고, 바울의 염원은 앞서 언급했듯이 당시 땅 끝을 대변하던 에스파냐까지 가는 것이었다. 그런데 출발하려는 순간 돌연 새로운 쟁점인 모금 문제가 불거진다.

그리스도교라는 선언에 가담한 모든 집단에서는 예루살렘의 공동체에 보내는 자금을 모금하고 있었다. 이 헌금은 무엇을 의미했을까? 우리는 여기서 다시 한번 예루살렘 공의회의

* 직역하면 '말의 지혜 안에 있지 않음'.

허약한 타협에 의해 언급되었던 여러 경향들 간의 갈등과 마주치게 된다.

유대인-그리스도인들은 이처럼 헌금을 납부하는 것을 역사적 사도들(베드로와 다른 사도들)의 우월성에 대한 인정으로뿐만 아니라 동시에 예루살렘 — 유대교 신전이 위치하고 유대 공동체가 위치한 명백한 중심 — 을 너무나 당연하게 그리스도교 운동의 중심지로 선택했다는 의미로 보았다. 따라서 모금은 유대인들의 공동체주의와 그리스도교의 팽창주의 사이의 연속성을 확인해주는 것이었다. 마지막으로 모금을 통해 외부의 그룹들은 자신들이 디아스포라* 상태에 있음을 인정하고 있다는 것이었다.

바울은 모금에 대해 그와 정반대의 해석을 제시한다. 그러한 헌금을 받음으로써 유대 중심지는 이교도-그리스도인 집단들의 정당성을 인준한다는 것이다. 그것은 유대 공동체에의 소속도, 그러한 소속의 표징도, 또 이스라엘 땅에 위치해 있다는 사실도 구성된 집단이 그리스도교의 영향권에 속하는지 아닌지의 여부를 결정할 수 있는 적절한 기준이 될 수 없음을 분명하게 보여주고 있다.

이 모금이 앞으로 어떻게 전개될지 그리고 이에 어떠한 의미가 부여될지를 면밀히 살펴보고 싶었던 바울은 에스파냐로 가는 대신 이 자금을 따라 예루살렘으로 가기로 결정했다.

그러한 운반 여행 중에 벌어졌던 일들에 대해서는 간접적

---

* 유배되어 이방인들 사이에 흩어져 살고 있는 상황.

으로만 추정해볼 수 있을 뿐이다. 가장 개연성 있는 이야기는 이렇다. 예루살렘에서 바울은 어떤 의미에서는 호랑이 굴에 들어간 셈이 되었다. 그는 몇몇 유대교 의례를 따를 것을 요구받는다. 바울은 그것을 받아들이는데, 왜냐하면 본인도 쓰고 있듯이, 주체적 진리는 관습들과는 무관하기 때문에 그는 "유대인들과 함께 있을 때는 어떻게 유대인"이 되고 그리스인들과 함께 있을 때는 어떻게 그리스인이 되어야 하는지를 알고 있었기 때문이다. 그는 유대교 신전으로 갔다. 이때 그는 화난 군중의 표적이 되는데, 신전에 비유대인을 몰래 데리고 들어갔다는 비난을 받고 있었기 때문이다. 유대의 종교 지도자들이 볼 때 그러한 행동은 통상 지역의 관습을 유지시키려 하는 로마 제국 점령자들에게 추적을 받아 중형을 받을 수도 있는 것이었다.

바울은 실제로 사람들이 고발한 범죄를 저질렀을까? 대부분의 역사가들은 그렇지 않다고 생각한다. 하지만 진실은 아무도 모른다. 바울은 행동가였으며, 따라서 그가 그러한 도발이 가능할 뿐만 아니라 유용하기까지 한 것으로 믿었을 가능성을 배제할 수 있는 것은 아무것도 없다. 어쨌든 그는 군중들에게 폭행당하려는 순간 로마 제국군의 분견대에게 체포당한다. 로마인들이 그에 대한 기소 절차의 개시 여부를 결정할 것이었다. 그는 카에사리아의 요새로 호송되어 간다. 그리고 59년경 총독 페스투스 앞에 출두한다(이 점만큼은 확실하다). 그러한 기소로 사형을 언도받을 수도 있는 상황이었기 때문에 바울은 로마 시민권을 내세운다. 왜냐하면 중대한 범죄로 기소된 로마 시민권자는 로마에서 재판받을 권리가 있었기 때문이다. 이에 따라 그는 로마로 이송되었고, 거기서 60~62년까지 구금되어 있었던 것으로 보인다. 90년경의 클레멘스*의 아주 짤막한 암시를 참고한다면 바울은 결국 처형되었음을 알 수 있는데, 정당한 소송에 따른 것이었는지 아니면 박해에 의한 것이었는지는 아무도 알 수 없다.

바울의 어떤 텍스트도 이러한 일화들에 대해 언급하고 있지 않은데, 거기에는 충분한 이유가 있다. 우리에게 전해진 모든 진경 텍스트들은 분명 그의 체포 이전에 쓰인 것들이기 때문이다. 다시 말해 바울 생애의 말년에 관해서는 실제로 우리는 아무것도 알 수 없다. 바울의 로마 이송은 「사도행전」에서 바다를 여행하는 해양 모험담의 관습에 따라 아주 풍부하고 상세하게 이야기되고 있다. 그것들의 진위 여부를 가린다는 것은 불가능할 것이다. 「사도행전」은 기이하게도 사람들의 예상과는 반대로 바울의 순교가 아니라 그가 로마에서 극히 평온하게 선교 활동을 계속하고 있는 교훈적인 장면으로 끝을 맺고 있는데, 그것은 다른 많은 세목들과 함께 「사도행전」의 저자가 품고 있는 친로마적인 호의를 증언해주고 있다.

하지만 결국 바울 본인이 우리에게 가르쳐주는 것은, 중요한 것은 힘의 표징들이나 모범적인 삶이 아니라 지금 여기에서 그리고 영원히 어떤 신념이 가능하냐는 것이라는 사실이다.

* 당시 로마 교회의 장로.

3

|

텍스트들과 콘텍스트들

 바울의 텍스트들은 서한들로, 본인이 창설하거나 지원하는 집단들에게 보내기 위해 지도자로서 쓴 것들이다. 이 서한들은 아주 짧은 기간(50~58년) 동안에 작성되었다. 그것들은 소규모의 개종자 집단에게 보낸 투쟁적 문건들이다. 그것들은 결코 복음서와 같은 방식의 이야기도, 후일 교회의 교부들이 쓰게 되는 이론적인 논설들도, 요한이 기록했다고 여겨지는 묵시록과 같은 예언서도 아니다. 그것들은 **개입들**이다. 이러한 관점에서 볼 때 그것들은 마르크스의 『자본』보다는 레닌의 글들과 더 비슷하고, 프로이트의 『꿈의 해석』보다는 라캉의 대부분의 텍스트들과 더 흡사하며, 러셀의 『수학 원리』보다는 비트겐슈타인의 강의들과 더 흡사하다. 그러한 형식 — 이러한 형식 속에서는 행동을 위한 기회가 출판(라캉이 말하는 대로 하면 poubellications*)을 통해 매명^{賣名}하려는 궁리보다 우선하게 된다 — 은 반철학자의 전형적인 특징을 선명하게 부각시켜준다. 바울은 어떤 대전大典이나 논論을 쓰거나 심지어는 실제로 책을 쓸 생각이 없었다. 바울은 단절의 발화를 제시하며, 필요한 경우에만 글을 이어 쓸 뿐이다.

수수께끼는 주로 어떻게 이러한 상황적 텍스트들이 우리에게 전해져오게 되었는지, 그리고 누가 그것들을 『신약성서』라는 감히 범접할 수 없는 저작집corpus 속에 엄숙하게 그리고 미심쩍은 방식으로 포함시켰는가이다.

'바울의 서한들'은 뒤늦게 정전으로 묶여졌다. 아마 2세기 말부터일 것이다. 우리가 소장하고 있는 가장 오래된 필사본은 3세기 초의 것으로 여러 개의 조각 글로만 구성되어 있을 뿐이다. 게다가 앞서 언급한 대로 『신약성서』에 포함되어 있는 13편의 서한 중 적어도 6편은 분명히 정경으로 인정할 수 없는 것으로, 심지어 그중 일부는 바울의 '측근들' 가운데 누군가에 의해 씌었다고 생각해볼 수도 있을 것이다.

왜 그리고 어떻게 이 저작이 경전이 되었을까? 바울은 명백한 역사적 정통성을 갖고 있지 않았음을 기억하자. 그는 예수의 12사도 중의 하나가 아니었던 것이다. 주님의 삶에 대해서는 아무것도 몰랐다. 그리고 예루살렘이라는 역사적 중심부에 많은 걱정거리를 안겨주었다.

---

* '출판'을 뜻하는 불어 단어 'publication'과 '쓰레기화'라는 의미의 'poubellication'은 발음이 비슷하다. 라캉은 『세미나 11권』에서 이를 이용해 말놀이를 하고 있다.

네 가지 중요한 언급이 그러한 기이함의 원인을 밝혀줄 수 있을 것이다.

1. 『신약성서』의 정전적이고 다차원적인 세속적 위상에 의해 감추어지고 또 우리의 자발적 의견에 덧씌워져온 끈질긴 환상과는 반대로 **바울의 서한들은 복음서들의 작성 이전에, 그것도 훨씬 이전에 씌어졌다는 것**을 우리는 끊임없이 환기시킬 것이다. 아니면 오히려 이렇게 말하는 것이 더 나을지도 모르겠다. 즉 바울의 서한들은, 아주 간단하게 말하자면, **우리에게 전해진 가장 오래된 그리스도교 텍스트들**이라고. 물론 예수의 삶, 그가 행한 기적들과 죽음에 관한 구전 이야기들은 분명히 바울이 선교하던 시기에 널리 회자되고 있었을 것이다. 그러나 그러한 이야기들의 세부 사항을 확정해주고 있는 어떠한 문헌도 70년 이전, 그러니까 바울 사후 약 10년까지는 글로 씌어진 형태로 전해져오고 있지 않았다. 만일 「데살로니가전서」의 첫번째 서한이 씌어진 때를 50년 ─ 가장 개연성이 높은 시점이다 ─ 으로 잡는다 해도 제일 처음 작성된 복음서(「마가복음」)와는 20년이나 차이가 있다. 따라서 그리스도교 교의가 글로 씌어져 돌아다닌 것과 관련해서는 바울이 확연히 앞선다. 그리고 그의 서한들은 아주 일찍부터 필사되어 사람들 사이에 읽히고 있었기 때문에 이 새로운 종교를 정초하고 있는 문헌들을 모아야 할 때(훨씬 뒤인 3세기 말) 그것들을 완전히 무시하기는 아마 어려웠을 것이다.

2. 「요한복음」(가장 늦게, 아마 90년경에 씌어졌을 것이다)을 제외한 복음서들은 바울의 서한들과 완벽한 대조를 이루는데, 우리는 뒤에서 다시 이 문제를 다룰 기회가 있을 것이다. 복음서들의 목적은 분명히 예수의 **공적들**과 그의 삶의 예외적 개별성을 강조하는 데 있다. 마술이나 종교적 속임수들의 온갖 고전적 수법 — 기적적인 치유, 물 위를 걷기, 각종 예언과 고지告知, 사자의 부활, 기상 이변 현상들, 안수, 오병이어五餅二魚 등 — 이 풍부하게 동원된다. 복음서들이 들려주고 있는 예수의 행동 방식은 떠돌이 마법사들이 써먹던 수법들과 완벽하게 일치한다. 물론 예수가 말한 격언들의 풍미 그리고 단절에의 의지를 드러내는 모습 등은 분명 그것을 매우 뛰어난 것으로 만들어주고 있다. 하지만 이 모든 것에도 불구하고 그것은 동시에 그러한 장르의 관습들에 의해서도 똑같이 특징지어지고 있다. 이중적 의미의 비유들, 모호한 은유들, 묵시록적인 이미지들, 교묘하게 구성된 인물의 정체의 미확정성(예언자? 메시아? 신의 사도? 신의 아들? 지상으로 내려온 새로운 신? 등등)이 그것들이다.

제1세대의 그리스도인들 사이에서는 아주 풍부하고 상세하게 이야기되었음이 분명함에도 불구하고 바울의 텍스트들에는 이 모든 것이 거의 하나도 들어 있지 않다. 바울의 서한들에서 예수의 경험적 삶뿐만 아니라 스승의 유명한 비유들도 실제로는 거의 하나도 언급되고 있지 않다는 것은 종종 지적되어왔다. 예수의 기적들처럼 그의 가르침들도 보란 듯이 무시된다. 모든 것은 단 하나의 지점으로 귀착된다. 신의 아들(이것이 무슨 의미인지를 곧 살펴보게 될 것이다)인 예수가, 따라서 그리스도가 십자가에서 죽었고 그런 다음 부활했다는 것이 바로 그것이다. 나머지, 그 밖의 다른 모든 것들은 아무런 현실적 중요성도 없다. 여기서 한 발 더 나아가보기로 하자. 나머지(예수가 말하고 행한 것)는 **확신 속에서 실재하는 것이 아니라 오히려 그러한 확신을 혼란스럽게 하고 심지어 변조**까지 하는 것이다. 오직 응축된 스타일만이, 예언적이고 마법적인 문헌들의 매너리즘을 말끔히 벗어버린 스타일만이 그러한 환원에 어울릴 수 있다. 바울이 최상급 작가라는 것은 의문의 여지가 없다. 간결하고 경구적이면서도 적절한 순간에 아주 보기 드문 강렬한 이미지들을 펼칠 줄 아는 것이다. 시인 앙리 보쇼Henri Bauchau가 지적하고 있듯이 일종의 강력한 추상화抽象化와 읽는 사람으로 하여금 긴장을 느끼게 하면서 숨 한번 돌릴 틈도 주지 않는 어조의 단절들이 결합된 바울의 몇몇 구절들은 셰익스피어의 긴 독백들을 연상시킨다. 그러나 궁극적으로 그의 산문과 관련해 중요한 것은 문제의 논증과 제한, 그리고 사유의 본질적 핵심을 끌어내는 강력한 힘이다. 그 결과 비유들도, 현학적 모호함도, 주관적 우유부단함이나 진리의 은폐도 찾아볼 수 없다. 믿음의 역설은 있는 그대로 드러나야 하며, 산문에 의해 근본적으로 새로운 빛 속에서 조명되어야 한다.

  이 모든 것으로부터 우리는 바울의 서한들만이 『신약성서』

에서 진정한 **교의적** 텍스트들이라는 결론을 내릴 수 있다. 우리는 예컨대 왜 루터가 바울의 서한이, 그의 서한만이 계시의 의미를 담고 있다고 단언하고 공관 복음서,* 특히 「누가복음」에 대해서는 거의 가치를 두지 않았는지를 이해할 수 있을 것이다.

바울의 텍스트들이 없었다면 그리스도교의 메시지는 모호한 상태로 남은 채 당시 사방에 넘쳐흐르고 있던 예언적이고 묵시적인 문학들과 거의 구분되지 않았을 것이다. 그것이 바로 그의 서한들이 교회가 정경으로 삼는 저작집에 포함된 중요한 이유이다.

3. 바울이 서한들을 쓴 시기와 복음서들이 쓰인 시기 사이에 무슨 일이 일어났을까? 핵심적인 사건이 있었다. 즉 로마 제국 점령자들에 맞선 유대인들의 봉기가 있었는데, 그것은 66년(십중팔구 바울이 사망한 후)에 시작되어 70년에 티투스에 의한 예루살렘 성전의 파괴로 끝나고 말았다. 이것은 유대인의 디아스포라의 진정한 시작을 알리는 사건이었다. 무엇보다 그리스도교 운동에서 예루살렘이 가졌던 '중심'으로서의 의미가 종결되었음을 알리는 사건이었다. 바로 이때부터 서서히 로마를 그리스도교의 진정한 수도로 만들고, 역사적 사도들이 머물렀던 예루살렘에 의해 상징되던 동방적이며 유대적인 기원을 역사적으로 지워버리는 과정이 시작된다.

이렇게 볼 때 그리스도교의 핵심의 건설을 보편적이고 탈-

---

* 「마태복음」, 「마가복음」 그리고 「누가복음」.

중심적인 시각에서 바라본 바울을 몇 가지 측면에서 바로 이러한 이동의 진정한 선구자로 간주할 수 있을 것이다. 그에게는 동방과 에스파냐 사이의 세계를 의미했던 로마 제국의 구조가 예루살렘의 우월성보다 더 중요했다는 것은 분명하다. 그의 모든 텍스트들 중 가장 발전된 논의를 보이고 가장 견고하며 특히 유대 율법과의 단절이라는 면에서 가장 단호한 텍스트가「로마서」라는 것은 결정적인 상징적 기능을 가진 뜻밖의 행운이 어떤 식으로 나타나는지를 잘 보여주는 사례 중의 하나라고 할 수 있다. 그것이 바로 바울을 그리스도교의 공식적인 저작집에 등재하게 된 또 다른 주요한 논거이기도 하다.

4. 조직들이 위험한 일탈에 맞서 노선을 분명히 하거나 조직을 위협하는 분열들에 맞서 싸워야 할 때 교의적 텍스트의 개론을 편찬하는 것은 상식이다. 이와 관련해 초기 몇 세기 동안의 그리스도교는 특히 불안했다. 우리가 여기서 골몰하고 있는 문제와 관련해 볼 때 2세기 초에 극단적인 바울주의 분파라고 부를 수 있는 마르키온^{Marcion}이라는 이단이 출현한 사실을 고려하는 것이 핵심적으로 중요하다.

역사적으로 길게 이어질 마니교적 경향의 이단들의 단초를 제공하는 가운데 마르키온은 유대교와 그리스도교, (우리가 부르는 바대로 하면)『구약성서』와『신약성서』사이의 단절은 명확한 의미에서 절대적인 것으로 간주되어야 한다고 주장했다. **이 두 종교에서 다루어지고 있는 것은 동일한 신이 아니**

라는 것이다. 『구약성서』는 세계를 창조한 신을 다루고 있으며, 이 신은 지금 존재하고 있는 세상을 보면 충분히 알 수 있듯이 악한 존재다. 이 창조신 위에 진정으로 선한 신이 존재하는데, 그의 형상은 창조자의 형상이 아니라 아버지의 형상이다. 마르키온에게서는 (유일하게 그리스도교에 의해 계시된) 상징적 아버지를 창조자 또는 실재의 아버지와 구분하는 것이 필수적이라고 말할 수 있을 것이다. 그리스도교의 신(상징적 **아버지**로서)은 『구약성서』의 신(세계의 창조자)과는 다른 의미로 인식된다. 후자의 신은 어둡고도 변덕스러운 악행들에 대한 이야기를 통해 직접적으로 드러난다. 세계의 어디를 보아도 흔적 하나 찾아볼 수 없고 바로 그렇기 때문에 직접적으로 인식할 수 없는, 즉 이야기라는 형식을 통해서는 말해질 수 없는 전자의 신에게는 오직 당신의 아들이 세상에 오는 것만을 통해 다가갈 수 있다. 이로부터 그리스도교 복음은 순수하고도 단순하게 진정한 신에 의한 매개적 계시이고, 아버지 신의 사건이며 동시에 『구약성서』에서 말하고 있는 창조신의 협잡을 고발하고 있다는 결론이 나온다.

유실된 마르키온의 논설은 『대조표』로 불렸다. 결정적인 점은 그가 이 논설에서 바울만이 유일하게 진정한 사도라고 주장하고 있는 것이다. 그리고 베드로를 수반으로 한 다른 소위 사도들은 어두운 창조신의 수하에 있다고 주장했다. 분명이 이단이 '이방인의 사도'를 그런 식으로 분류한 데는 충분한 이유들이 있었다. 그러한 이유들 중 주된 것으로는 율법을 엄수하는 유대인-그리스도인들에 대한 바울의 투쟁, 그리스도교에 대한 그의 사건적 이해, 율법의 잔혹한 측면에 대한 그의 논박 등이 있었다. 이러한 논리를 조금만 더 밀고 나가면 '새로운 복음은 절대적 시작'이라는 마르키온식의 그리스도교 이해에 도달할 수 있을 것이다.

그럼에도 불구하고 그것이 왜곡이라는 것은 의심할 여지가 없다. 우리는 바울의 어떤 텍스트로부터도 마르키온의 교의와 흡사한 것을 도출해낼 수 없다. 바울에게서 예수 그리스도의 아버지가 『구약성서』의 신, 즉 유대인들의 신이라는 것은 끊임없이 언급되고 있는 명백한 사실이다. 바울이 친근감을 느끼고 또 자신의 고유한 목적을 위해 교묘하게 이용하고 있는 형상이 있다면 그것은 아브라함이다. 바울이 유대교와의 연속성보다는 단절을 강조하고 있다는 것은 의심의 여지가 없다. 하지만 그것은 투사적 명제이지 존재론적인 것이 아니다. 신의 유일성^{unicité}이 그리스도라는 사건에 의해 나누어진 이 두 가지 상황을 잇고 있으며, 이러한 유일성은 한순간도 의심의 대상이 되지 않는다.

(실제로 난데없이 예루살렘 공의회에서의 타협으로 되돌아가 그리스도교를 어떠한 역사적 깊이도 결여한 하나의 종파로 만들 위험이 있는) 마르키온의 위험한 이단 사상을 물리치기 위해 교부들은 극단적인 바울주의에 맞서 온건하고 '중도주의적인' 바울의 모습을 내세웠던 것이 틀림없다. 다양한 변조와 일탈이 없지 않았지만 아마 공식적인 바울의 구성은 바로 여기에서

시작되었을 것이다. 사실 마르키온은 이레나이우스*나 히에로니무스**와 같은 정통파 적수들을 통해서만 알려져 있다. 이와 마찬가지로 바울은 바울에 대한 이러한 이미지를 통해 알려지게 되었으며, 따라서 그리스도에 의한 단절을 극단적인 시각에서 바라보는 입장에 맞추어 이 정초재[바울]의 극히 급진적인 발언들만을 전유해온 사람들에 맞서 그의 이미지를 구성할 필요가 있었다. 바울의 서한들이 최종 저작집 속에 포함된 것은 부분적으로 이렇게 설명된다. 즉 하나의 조직으로 굳어져가고 있는 과정에 있던 교회로서는 완전히 이단 사상 쪽으로 전향한 바울보다는 온건한 바울을 곁에 두는 쪽이 훨씬 더 나았던 것이다. 하지만 그렇다고 하여 그러한 설명이 대의를 내세워, 그리고 진본 텍스트를 조작하고 가짜 텍스트를 위조해 이 사도를 많건 적건 '수정'하거나 최소한 그의 급진성을 완화시켰을 가능성을 배제하는 것은 아니다. 앞서 살펴본 대로 「사도행전」의 저자는 이미 1세기 말에 그러한 작업을 하고 있었다.

그러나 이 모든 것에도 불구하고 바울을 읽을 때 우리는 그의 산문 속에서 시대나 장르들 그리고 정황들이 남긴 흔적을 거의 찾아볼 수 없는 것에 깜짝 놀라게 된다. 이들 산문 속에는 사건의 정언 명령에 따라 견고하고 시간과 무관한 어

---

* 영지주의에 반대한 구속사적 신학의 태두로 2세기 말 리옹의 교부.
**『구약성서』를 라틴어로 번역한 '불가타 성서'로 유명한 4세기 말의 교부.

떤 것, 다름 아니라 사유가 **갑자기 출현하는 개별성 안에서**, 하지만 모든 일화와는 무관하게 보편성을 향하도록 방향을 설정하는 것이 중요하기 때문에 성가신 역사적 매개 없이도 충분히 이해할 수 있는 어떤 것이 들어 있다(불투명한 「요한계시록」은 물론 복음서의 많은 구절들은 그러한 것과는 거리가 멀다).

우리 시대의 가장 위대한 시인 중의 하나로 두 이름의 시니피앙만으로도 이 문제의 중심에 서 있다고 해야 할 피에르 파올로 파솔리니Pier Paolo Pasolini*만큼 바울의 산문의 부단한 현재성을 더 잘 조명해주고 있는 사람도 없을 것이다.

그리스도교의 문제는 코뮌주의와, 또는 다른 식으로 표현하자면 성스러움의 문제는 투사鬪士의 문제와 교차하고 있다고 생각했던 파솔리니는 바울을 현재 세계에 옮겨놓은 영화를 만들려고 했다. 영화는 제작되지 않았지만 상세한 시나리오는 남아 있으며, 불어로 번역되어 플라마리옹 출판사에서 출간되었다.

파솔리니의 목표는 바울의 발언을 하나도 수정하지 않고 그를 동시대인으로 만드는 것이었다. 그는 바울이 가진 내재적 현실성에 대한 확신을 극히 직접적이고도 격렬한 방식으로 복원하려 했다. 문제는 바울을 바로 여기, 오늘, 우리 사이에, 온전한 육체적 실존을 갖고 존재하는 것으로 상상하는 것이 얼마든지 가능하다고 관객들에게 명백히 말하는 것이었다. 바울이 말을 건네는 것은 우리 사회를 향해서이며, 그가

---

* 그의 이름은 베드로Pier와 바울Paolo을 합쳐 만들어진 것이다.

눈물짓고, 위협하고, 용서하고, 공격하며, 부드럽게 포용하고 있는 것은 바로 우리라고 말이다. 즉 픽션 속에서이긴 하지만 바울이 우리의 동시대인이라는 것을 말하고 싶었던 것이다. 그의 설교, 그가 부딪힌 난관과 실패들은 여전히 절대적으로 현실적인 것으로 남아 있기 때문이다.

파솔리니에게 바울은 사회적 불평등, 제국주의, 노예 제도에 기반한 사회 모델을 혁명적으로 타파하려는 사람이었다. 그에게는 파괴에 대한 성스러운 의지가 있었다. 구상으로 그치고 만 영화 속에서 바울은 분명히 실패하며 그러한 실패는 공적소的이기보다는 오히려 내적이다. 그러나 바울은 세계의 진리를 선언하는데, 그것도 거의 2,000년 전에 말했던 것과 하나도 다르지 않은 용어로 그렇게 한다.

파솔리니의 주장은 삼중적이다.

1. 항상 우연의 청천벽력 같은 분출, 사건, 순수한 만남이 성스러움의 기원에 있으므로 바울은 우리의 동시대인이다. 게다가 오늘날 비록 입문의 계기가 되는 만남의 내용은 다양할 수 있어도 성인의 형상은 필요하다.

2. 만일 우리가 바울을 그의 모든 발언들과 함께 우리 시대로 이식시킨다면 우리는 그의 발언들이 범죄적이고 타락했지만 로마 제국보다 무한대라고 할 수 있을 만큼 능수능란하고 완강한 실제 사회와 맞서게 되는 것을 보게 될 것이다.

3. 바울의 발언은 시간과 관계없이 정당하다.

중심 주제는 현실성과 성스러움 사이의 관계 안에 위치한다. 역사 세계가 신비, 추상(화), 순수한 질문 속으로 사라지려는 경향이 나타날 때마다 신적인(성스러움의) 세계가 인간들 사이에 사건을 통해 내려와 구체화되어서 작용한다.

앞에서 말한 영화의 시나리오는 현실성 안에서의 성스러움의 궤적을 그려 보이고 있다. 그러한 전환은 어떻게 이루어지는가?

로마는 미 제국주의의 수도 뉴욕이다. 로마인들에게 점령당한 문화적 중심지이자 지적 순응주의의 온상인 예루살렘은 나치의 군홧발에 짓밟히고 있는 파리이다. 이제 막 태어난 소규모의 그리스도교 공동체는 레지스탕스로 대변되고 있으며, 바리새인들은 페탱파 사람들이다.

바울은 안락한 부르주아 가문 출신의 프랑스인으로 대독협력분자로 레지스탕스를 잡으러 다니고 있다.

다마스쿠스는 프랑코 치하의 바르셀로나이다. 파시스트 바울은 프랑코주의자들을 만날 사명을 띠고 스페인으로 간다. 프랑스 남서부를 가로질러 바르셀로나로 향하던 도중 바울은 계시를 받는다. 그는 반파시스트 레지스탕스 진영에 가담한다.

그런 다음 우리는 이탈리아로, 스페인으로, 또 독일로 바울이 저항을 설교하는 긴 여정을 따라가게 된다. 아테네, 바울의 말을 경청하길 거절했던 바로 그 소피스트들의 아테네는 현대의 로마, 파솔리니가 혐오해 마지않던 이탈리아의 치졸한 지식인들과 비평가들에 의해 대변된다. 마침내 뉴욕으로

텍스트들과 콘텍스트들 77

간 바울은 결국 배반당하고 체포되어 야비한 상황 속에서 처형당한다.

서서히 배신이 이러한 여정의 중심적 측면이 되어가는데, 바울이 창조한 것(교회, 조직, 당)이 바울 자신의 내적인 성스러움에 반하여 변질된 것이 근본적인 이유였다. 파솔리니는 여기서 바울을 그리스도라는 사건의 이론가보다는 지치지 않는 교회의 창조자로 바라보는 주요한 전통(뒤에서 우리는 이에 대해 검토하게 될 것이다)에 의거하고 있다. 요컨대 바울은 조직적 인간, 간단히 말해 제3인터내셔널의 투쟁가로 재현되고 있다. 바울을 통해 코뮌주의를 성찰하는 파솔리니는 당이 투쟁 제일주의라는 성스러움을 서서히 하나의 사제직으로 전도시킨다고 본다. 진정한 성스러움(파솔리니는 바울에게서 그것을 단박에 알아본다)은 어떻게 덧없는 동시에 불멸의 것이기도 한 역사 — 이러한 역사 속에서 성스러움은 작용이 아니라 예외를 구성한다 — 의 시련을 견뎌낼 수 있을까? 성스러움은 굳어지고, 권위적으로 되고, 조직화됨으로써만 그럴 수 있다. 그러나 역사에 의한 모든 부패로부터 성스러움을 보호해야 할 그러한 굳건함은 결국 그 자체가 하나의 본질적인 부패임이 밝혀진다. 즉 사제가 성인을 부패시키는 것이다. 그것은 거의 필연적인 내부의 배반 운동이다. 이러한 내부적 배반은 외부적 배반에 포섭되고, 그리하여 바울은 밀고당할 것이다. 배신자는 성스러움을 제거하기 위해 「사도행전」을 사람을 살살 녹이는 감정 이입적인 문체로 쓴 성인 누가로, 그는 악마의 하수인으로 그려진다. 이것이 바로 파솔리니의 「사도행전」 해석으로, 그가 문제 삼는 것은 마치 오로지 한 사람의 사제로서 삶을 살았던 것처럼 바울의 삶을 그리는 것이다. 「사도행전」, 그리고 보다 일반적으로 바울의 공식적인 이미지는 그의 성인다움이 사제의 모습에 의해 지워진 모습을 보여준다. 그것은 곡해인데, 왜냐하면 바울**은** 성인**이기** 때문이다. 그러나 이 영화의 시나리오는 그러한 협잡의 이면에 감추어져 있는 진실 — 바울에게서는 성스러움과 현실성 사이의 내재적인 변증법이 사제의 주체적 형상을 구성한다 — 을 이해할 수 있도록 한다. 바울 또한 자신 안에서 성스러움이 흐려지기 때문에 죽는 것이다.

로마 제국이나 현대의 자본주의 같은 하나의 현실성에 빠져버린 성스러움은 아주 엄격하게 하나의 교회를 만듦으로써만 스스로를 보호할 수 있다. 그러나 이 교회는 성스러움을 사제직으로 변질시키고 만다.

이 모든 것에서 가장 놀라운 것은 바울의 텍스트들이 그 자체로, 파솔리니가 드러내는 전쟁, 파시즘, 미국 자본주의, 이탈리아 지식인들의 시시한 논쟁들 등과 같은 모든 상황 속으로 거의 불가사의할 정도로 자연스럽게 삽입되고 있는 방식이다. 그의 산문의 탈시간성 그리고 사유의 핵이 가진 보편적 가치는 이러한 예술적 시험을 성공적으로 견뎌내며, 바울은 기묘하게도 승리를 거둔 모습으로 등장한다.

4

|

담론들의 이론

예루살렘 공의회에서 바울은 에드노이(아주 부정확하게 '민족들'['이방인들']로 번역되는)의 사도로 불리게 되었는데, 아마 그것을 보고 사람들은 이제 그의 선교는 여러 민족들과 관습들이라는 절대적으로 열린 다중多衆을 대상으로, 제국의 온갖 인간 부분 집합들 — 당연히 수가 극히 많았다 — 을 대상으로 전개되리라고 생각할 수도 있을 것이다. 하지만 철두철미하게 바울은 오직 두 집단, 즉 유대인들과 그리스인들만 명시적으로 언급한다. 마치 그러한 환유적인 대표들로 충분한 것으로 생각하는 것처럼, 또는 그리스도교의 계시와 그러한 계시의 보편적 목적과 관련해서는 이 두 상관항으로 에드노이의 복잡성이 모두 해결되는 것처럼 말이다. 제국의 '민족적' 복잡성을 단독적으로 표상하는 이러한 유대/그리스라는 쌍의 지위는 무엇일까?

하나의 기본적인 대답은 '그리스'라는 것이 '이방인'과 등가이고, 결국 유대교 일신교와 공식적인 다신교 사이의 뚜렷한 대립이 민족들의 다양성을 포괄하고 있다는 것이다. 하지만 그러한 대답은 설득력이 없다. 왜냐하면 그리스 사람들 또는 그리스인 일반에 대해 말할 때 바울이 그러한 단어들을 종교적인 믿음과 연결시키는 것은 극히 예외적인 경우에 속하기 때문이다. 일반적으로 그가 그리스인을 언급하는 것은 지혜, 따라서 철학에 관해 이야기할 때뿐이다.

바울의 어휘에서 '유대'와 '그리스'라는 말은 우리가 '민족 peuple' 하면 자동적으로 떠올리는 것, 다시 말해 믿음들, 관습들, 언어, 영토 등의 용어로 포착 가능한 객관적인 사람들의 집합을 가리키는 것이 아니라는 사실을 이해하는 것이 중요하다. 그것은 또한 제도화되고 합법화된 종교들을 가리키는 것도 아니다. 사실 '유대'와 '그리스'란 **주체적 성향들이다**. 좀더 정확히 말하자면 그것들은 바울이 본인이 살고 있는 세계의 두 가지 정합적인 지적 형상이라고 생각한 것, 또는 **담론들의 체제**라고 부를 수 있을 어떤 것을 가리키고 있다. 유대인과 그리스인에 관한 이론을 세울 때 바울은 실제로는 담론들의 위상학을 제시하고 있었다. 그리고 그러한 위상학은 세번째 담론, 즉 바울 본인의 담론이 완벽한 독창성을 뚜렷하게 드러낼 수 있는 위치를 잡기 위해 마련된 것이었다. 오직 분석적 담론을 가변적인 위상학 — 여기서 분석적 담론은 주인의 담론, 히스테리증자의 담론, 대학의 담론과 연결된다

―― 안에 기입하기 위해서만 그러한 담론을 검토하는 라캉과 마찬가지로, 바울은 유대 담론 그리고 그리스 담론의 작용으로부터의 구별을 통해서만 '그리스도교 담론'을 정립한다. 앞으로 살펴보겠지만 이 두 사람 사이의 유사성은 바울이 신비주의적인 담론이라고 부를 수 있는 네번째 담론을 본인의 고유한 담론을 위한 여백으로 규정함으로써만 본인의 목적을 성취할 수 있었기 때문에 그만큼 더 놀랍다. 하지만 이 점을 명확하게 한 것은 『논리학』 말미에서 삼항 변증법의 절대지는 제4항을 요구한다는 것을 보여준 헤겔이 아니었을까?

유대 담론이란 무엇인가? 그것에 의해 구성되는 주체적 형상은 예언자의 형상이다. 그런데 예언자란 신의 표징들^{signes}과 결합되어 그것을 알리고 그처럼 모호한 것을 판독해서 드러냄으로써 초월성을 증명하는 자이다. 따라서 유대 담론이란 무엇보다도 먼저 표징의 담론이라고 할 수 있다.

그러면 그리스 담론이란 무엇인가? 그것에 의해 구성되는 주체적 형상은 현인$^{賢人, sage}$의 형상이다. 그런데 지혜^{sagesse}란 로고스를 존재와 짝지음으로써 세계의 고정된 질서를 전유하는 것이다. 주체를 자연적 총체성의 이성 안에 위치시키는 그리스적 담론은 **우주적 질서**^{cosmique}*와 관련되어 있다. 그리스 담론은 퓌시스^{ϕύσις}(존재의 정돈되고도 완결된 전개로서의 자연)를

---

* 그리스어로 우주, 세계, 세상을 뜻하는 단어인 코스모스^{κόσμος}는 무엇보다도 질서지어진 세계를 말하며 이성은 창조적이고도 규제적인 원리 이전의 세계인 창세기의 '혼돈'과 대조된다.

이해할 수 있는 소피아σοφία(내적 상태로서의 지혜)를 주장한다는 점에서 본질적으로는 총체성의 담론이다.

유대 담론은 예외의 담론이다. 왜냐하면 예언적 표징, 기적, 신에 의한 선택이란 자연적 총체성을 넘어선 초월성을 가리키기 때문이다. 유대 민족 자체가 표징인 동시에 기적이며 선택이다. 그것은 구성 자체에서부터 예외적이다. 그리스 담론은 우주적 질서에 기반한 채 그러한 질서에 부합하려고 하는 반면 유대 담론은 그러한 질서에 대한 예외에 기반한 채 신적인 초월성을 표징으로 바꾸려고 한다.

바울은 아주 빼어난 통찰력으로 유대 담론과 그리스 담론이 **지배라는 동일한 형상의 두 측면**이라고 생각한다. 왜냐하면 표징의 기적적 예외는 단지 '모자라는 하나', 즉 이미 그 자체로 우주적 총체성을 전제하고 있는 [전체에서] 결여된 부분일 뿐이기 때문이다. 유대인인 바울의 눈에 비친 유대 담론의 약점은 예외적 표징의 논리가 오직 그리스적인 우주적 질서의 총체성에 **대해서만** 타당하다는 것이다. 유대적인 것은 그리스적인 것에 대한 예외 속에 존재한다. 그 결과 먼저 이 두 담론의 어느 것도 보편적일 수 없는데, 왜냐하면 각각은 항상 다른 쪽의 존속을 전제하기 때문이다. 둘째로 이 두 담론은 총체성에 대한 직접적인 지배(그리스의 지혜)에 의해서든 아니면 문자적 전통에 대한 지배와 표징들에 대한 해독(유대의 의례주의와 예언주의)에 의해서든 구원의 열쇠는 세계 안에서 우리에게 주어져 있다는 가정을 공유하고 있다. 바울이 보기에 우주적 질서가 그 자체로 투시되든 아니면 표징의 예외에 기반해 해독되든 모든 경우에 그것들은 (하나의 법에 대한) 지배와 결부된 구원론을 정립시키는데, 거기에는 당연히 본인들의 담론의 동일성을 알지 못하는 현인과 예언자의 지배가 인류를 둘(유대적인 것**과** 그리스적인 것)로 나누고, 그리하여 [그리스도라는 사건을 통한] 고지^{告知}의 보편성을 봉쇄시키는 심각한 추가적 위험이 따르기도 한다.

바울의 계획은 보편적인 구원론은 어떠한 법 ─ 사유를 코스모스에 연결짓는 법이든 아니면 [신의] 예외적 선택의 결과들을 고정시키기 위한 법이든 상관이 없다 ─ 과도 화해가 불가능하다는 것을 보여주는 것이다. 전체가 출발점일 수도, 또 이 전체에 대한 예외가 출발점일 수도 없다. 총체성도 표징도 맞지 않다. 오히려 사건 그 자체로부터, 비-우주적이며 탈-법적인 사건, 어떤 총체성에의 통합도 거부하며, 어떤 것의 표징도 아닌 사건 그 자체로부터 출발해야 한다. 하지만 사건으로부터 출발한다는 것은 어떠한 법칙도, 어떤 형태의 지배 ─ 현자의 지배든 아니면 예언자의 지배든 ─ 도 가져오지 않는다.

또한 이렇게 말할 수도 있을 것이다. 그리스 담론과 유대 담론은 모두 **아버지의** 담론들이라고 말이다. 그리고 바로 그것이 이 두 담론이 공동체들을 (코스모스, 제국, 신 또는 율법에 대한) 복종 형태로 속박시킬 수 있는 이유이다. 오직 **아들의 담론으로서** 제시되는 것만이 모든 특수주의에서 벗어나 보편적인 것이 될 수 있는 잠재력을 갖고 있다.

아들의 이러한 모습은 분명히 파솔리니가 자신을 바울의 모습과 동일시한 것과 마찬가지로 프로이트를 매료시켰을 것이다. 프로이트에게 있어서, 모세가 탈-중심적인 정초자의 형상(기원의 타자성으로서의 이집트인)을 대변하고 있는 유대교의 유일신론과 관련해 그리스도교는 아버지의 상징적 살해를 배경으로 아들들이 **율법**과 맺고 있는 관계에 대한 질문을 던지고 있다. 파솔리니에게 있어서는 동성애적 욕망에 대한 내적 사유의 힘은 평등한 인류의 도래 — 여기에서는 아들들 사이의 일치가 어머니에 대한 사랑을 위해 기관들(교회 또는 공산당)에 구현되어 있는 아버지들의 압제적인 상징체계를 폐지한다 — 로 향한다. 또한 파솔리니의 바울은 지상의 법칙에 따라 비참함과 죽음에 속박되어 있는 아들의 성스러움과, 역사를 지배하기 위해 바울로 하여금 강압 기구를 창설하도록 내모는, 아버지에 고유한 권력의 이상 사이에서 이러지도 저러지도 못하고 있는 것처럼 보인다.

바울에게 아들이라는 심급의 출현은 본질적으로 '그리스도교 담론'이 절대적으로 **새로운 것**이라는 확신과 결부되어 있다. 신이 우리에게 당신의 아들을 보냈다는 도식은 기본적으로는 역사 속에서의 개입을 의미하는데, 그러한 개입에 의해 역사는 더이상 시대의 법칙들에 따른 초월적 예정에 의해 지배되기보다는 니체의 말대로 '두 동강 난다'. 아들을 보내는 것(탄생)이 이러한 단절에 이름을 부여하고 있다. 기준이 되는 것은 아들이지 아버지가 아니라는 것은 우리에게 더이상 지배 형태를 주장하는 어떤 담론도 믿지 말 것을 명하고 있다.

담론이 아들의 담론이어야 한다는 것은 유대인-그리스도인(예언적 지배)도, 그리스-그리스도인(철학적 지배)도, 또 심지어 이 둘의 종합도 되지 말아야 한다는 것을 의미한다. 담론들을 굴절시켜 하나로 종합하는 것에 반대하는 것은 바울의 끊임없는 관심사였다. 로고스를 하나의 원리로 삼음으로써 그리스도교를 그리스적 로고스의 공간에 기입하여 종합하면서 그것을 반유대주의가 되도록 정돈한 것은 바로 요한*이다. 그것은 바울의 방식과는 전혀 다르다. 바울에게서 그리스도교 담론은 유대의 예언과 그리스의 로고스에 대해 동일한 거리를 유지하면서 제3의 형상을 그림으로써만 아들에 대한 충실함을 유지할 수 있다.

그러한 시도는 오직 일종의 지배자의 형상의 쇠퇴를 통해서만 완수될 수 있다. 지배자의 형상에는 두 가지 ─ 코스모스에 기대는 지배자, 즉 지혜의 지배자인 그리스의 지배자와 예외의 힘에 기대는 지배자, 즉 문자와 표징들의 지배자인 유대의 지배자 ─ 가 있으므로 바울은 예언자도 철학자도 되지 않을 것이다. 따라서 그가 제시하는 삼각형은 예언자, 철학자, 사도이다.

'사도(아포스톨로스 ἀπόστολος)'란 정확히 무엇을 의미하는가? 어쨌든 경험적인 것 또는 역사적인 것은 아무것도 의미

---

* "태초에 로고스가 있었다"(「요한복음」, 1장 1절).

하지 않는다. 사도가 되기 위해 예수의 동반자였다거나 그리스도라는 사건의 증인이었을 필요는 없다. 오직 자기 자신에 의해서만 본인의 정당성을 주장하며, 본인의 표현에 따르자면 "사도가 되도록 부름받은" 바울은 그러한 사건 안에 있었고 그것을 보았다는 이유로 진리의 보증인을 자임하는 사람들의 주장을 명백히 거부한다. 그는 이들을 "가장 많이 배려된 자들"이라고 부르지만 본인은 그러한 배려를 거의 공유하려고 하지 않는 듯이 보인다. 그는 또 "그들이 어떤 사람들이든지 나에게는 아무 상관이 없습니다. 하나님께서는 사람을 겉모양으로 판단하지 않으십니다"(「갈라디아서」, 2장 6절)라고 덧붙여 말한다. 사도란 사실들에 대한 증인도, 기억도 아니다.

의미의 수호자로서의 '기억', 그리고 정치의 대리물로서의 역사의식의 중요성이 역설되고 있는 지금, 바울의 입장이 가진 힘을 놓쳐서는 안 된다. 왜냐하면 어떤 기억도 자체의 현재적 결정에 따라 과거를 포함한 시간을 규정하는 것을 막을 수 없다는 것은 절대 사실이기 때문이다. 그렇다고 하여 내가 유대인 학살이나 레지스탕스 투사들의 활동을 기억해야 한다는 것에 대해 의심하는 것은 아니다. 하지만 나는 광적인 신나치주의자들이 자신들이 숭배하는 시기에 대한 기억을 수집가처럼 모으고 있으며, 나치의 잔혹함을 세세히 기억하는 가운데 기쁨을 느끼고 그것을 반복할 수 있기를 열망하고 있다는 사실을 지적하고 싶다. 나는 일군의 알 만큼 아는 사람들 — 일부는 역사가들이다 — 이 나치 점령 시기에 대한 기억 그리고 그동안 축적해온 문헌들에 기반해 페탱이 많은 공적이 있다는 결론을 끌어내는 것을 목도하고 있다. 바로 여기에서 '기억'은 어떤 문제도 해결하지 않는다는 명백한 결론이 나온다. 일어난 일이 일어났다는 것을 본인의 이름으로 선언하고, 또 어떤 정황의 **현재적**^{actuel} 가능성들과 관련해 본인의 비전이 그것을 요구하기 때문에 그렇게 해야 하는 순간은 항상 존재한다. 바로 그것이 바울의 확신이다 ─ 가스실의 존재가 내 눈에 그러한 것처럼 그의 눈에는 부활에 관한 논쟁은 더이상 역사가들과 본인의 두 눈으로 그것을 본 목격자들 사이에 벌어지는 논쟁이 아니다. 우리는 증거와 반대 증거들을 요구하지 않을 것이다. 우리는 어떤 유대인도 히틀러에 의해 학대받지 않았다는 '증거'를 무수히 들이대는 박학한 반유대주의자들 ─ 한 꺼풀 벗기면 나치인 자들 ─ 과 논쟁하지도 않을 것이다.

여기서 부활 ─ 우리의 비교는 바로 이 지점에서 무너지고 만다 ─ 은 바울 본인의 눈에는 왜곡될 수 있거나 증명 가능한 사실의 범주에 속하는 것이 아니라는 것을 덧붙여야 할 것이다. 그것은 순수한 사건, 한 시대의 열림, 가능한 것과 불가능한 것 사이의 관계들의 변화이다. 왜냐하면 예수의 부활은 특수한 또는 기적적인 사실의 경우에서처럼 그 자체로 중요성을 갖는 것이 아니기 때문이다. 부활의 진정한 의미는 그것이 죽음 ─ 뒤에서 자세히 살펴보겠지만 바울이 반복되는 사실이 아니라 하나의 주체적 속성으로 바라보는 죽음 ─

에 대해 승리를 거둘 수 있음을 증언하는 데 있다. 따라서 우리는 끊임없이 부활을 **우리의** 부활과 연결시키고, 개별성에서 보편성으로, 또 그 역으로 나아가야 한다. "죽은 사람들이 살아나는 일이 없다면 그리스도께서 살아나신 일도 없었을 것입니다. 그리스도께서 살아나지 않으셨다면 여러분의 믿음은 헛된 것이 되고"(「고린도전서」, 15장 16~17절). 사실과는 달리 사건은 그것이 가능성을 규정하고 있는 보편적 다양성에 따라서만 가늠될 수 있다. 바로 이런 의미에서 사건은 은총이지 역사가 아니다.

따라서 사도란 그러한 가능성(복음, 즉 좋은 소식이란 결국 다음과 같은 말로 귀착된다. 우리는 죽음을 이길 **수 있다**)을 명명하는 사람이다. 그의 담론은 사건에 의해 열린 가능성에 대한 순수한 충실성이다. 따라서 그것은 어느 경우에도(그리고 바로 이것이 바울의 반철학의 최종 결론이다) 앎에 속하지 않는다. 철학자는 영원한 진리들을 알고, 예언자는 일어날 것(비록 그것의 의미를 형상들이나 표징들을 통해서만 전달하지만)의 확실한 의미를 안다. 그 자체로 사건의 은총에 의존한 채 전대미문의 가능성을 선언하는 사도는 엄밀히 말해 아무것도 알고 있지 않다. 주체의 가능성들이 문제가 될 때 안다고 상상하는 것은 협잡이다. "자기가 무엇을 안다고 믿는 사람(ἐγνωχέναι τι)은 아직도 그가 마땅히 알아야 할 방식대로 알지 못하는 사람입니다"(「고린도전서」, 8장 2절). 그렇다면 사도라면 어떻게 알 수 있는가? 그는 하나의 선언과 그에 따른 결과들이 갖는 진리 — 그런데 그것은 증거도 없으며 또 볼 수도 없기 때문에 경험적인 것이든 아니면 개념적인 것이든 앎이 무너지는 지점에서 출현한다 — 에 따라 안다. 구원이라는 관점에서 그리스도교 담론을 특징지으면서 바울은 주저 없이 "앎(그노시스γνῶσις)은 사라질 것입니다"(「고린도전서」, 13장 8절)라고 말한다.

사도의 주체적 형상을 묘사하고 있는 그리스도교 담론의 특징들이 앎[지식]의 미덕들이 사건에 의해 사라지는 표징을 통해 반복되고 있는 모습을 우리는 고린도인들에게 보낸 첫 번째 편지에서 찾아볼 수 있다.

> 그리스도께서는 세례를 주라고 나를 보내신 것이 아니라, 복음을 전하라고 보내셨습니다. 복음을 전하되, 말의 지혜로 하지 않게 하셨으니, 이것은 그리스도의 십자가가 헛되게 되지 않게 하시려는 것입니다. 십자가의 말씀이 멸망하는 자들에게는 어리석은 것이지만, 구원을 받는 사람인 우리에게는 하나님의 능력입니다. 성경에 기록하기를 "내가 지혜로운 자들의 지혜를 멸하고, 총명한 자들의 총명을 폐할 것이다" 하였습니다. 지혜 있는 사람이 어디에 있습니까? 학자가 어디에 있습니까? 이 세상의 변론가가 어디에 있습니까? 하나님께서는 이 세상의 지혜를 어리석게 하신 것이 아닙니까? 이 세상이 그 지혜로 하나님을 알지 못한 것은, 하나님의 지혜 안에서 된 일입니다. 그래서 하나님께서는 우리의 어리석은 선포로 믿는 사람들을 구원하시기를 기뻐하셨습니다. 유대 사람은 표적[표징]을 구하고,

담론들의 이론　91

그리스 사람은 지혜를 찾으나, 우리는 그리스도를 전하되, 십자가에 달리신 분으로 전합니다. 이것은 유대 사람에게는 거리낌이고, 이방 사람에게는 어리석음이지만, 부르심을 받은 사람에게는, 유대 사람에게나 그리스 사람에게나, 그리스도는 하나님의 능력이요, 하나님의 지혜입니다. 하나님의 어리석음이 사람의 지혜보다 더 지혜롭고, 하나님의 약함이 사람의 강함보다 더 강하기 때문입니다.

형제자매 여러분, 여러분이 부르심을 받을 때에, 그 처지가 어떠하였는지 생각하여보십시오 육신의 기준으로 보아, 지혜 있는 사람이 많지 않고, 권력 있는 사람이 많지 않고, 가문이 훌륭한 사람이 많지 않았습니다. 그런데 하나님께서는 지혜 있는 자들을 부끄럽게 하시려고 세상의 어리석은 것을 택하셨으며, 강한 자들을 부끄럽게 하시려고 세상의 약한 것을 택하셨습니다. 하나님께서는 세상에서 비천한 것과 멸시받는 것을 택하셨으니, 곧 잘났다고 하는 것들을 없애시려고, 아무것도 아닌 것들을 택하셨습니다. 그것은, 아무도 하나님 앞에서는 자랑하지 못하게 하시려는 것입니다(「고린도전서」, 1장 17~29절).

복음을 알리는 것은 "그리스도의 십자가가 헛되게 되지 않도록" 언어의 지혜 없이 이루어진다. 그런데 십자가가 표징하는 사건이 '헛되게 된다'는 것은 무슨 의미일까? 그것은 아주 간단한 것으로, 그러한 사건이 철학적 로고스로서는 그것을 선언할 수 없는 성격을 갖고 있다는 것을 의미한다. 이러한 주장의 기저에 깔린 생각은 다음과 같다. 즉 사건을 식별할 수 있게 해주는 현상 중의 하나는, 사건은 **언어를 막다른 골목에 이르게 하는** 실재의 지점$^{\text{point de réel}}$과도 같다는 것, 바로 그것이라는 것이다. 이 막다른 골목이란 이성의 담론인 그리스 담론에서는 어리석음(모리아μωρία)이며, 그리스도에게서 약함, 비천함, 모멸적인 사태의 격변만을 보면서 신적인 힘의 표징을 주장하는 유대 담론에는 추문(스칸달론σκάνδαλον)이다. 새로운 담론, 그리고 철학적이지도 예언적이지도 않은 주체성(사도)의 발명이 부과되는 까닭은 바로 그러한 발명을 통해서만 사건이 수용되고 언어 안에서 존재할 수 있기 때문이다. 이미 확립된 언어들 속에서는 사건이 수용될 수 없는데, 왜냐하면 그러한 사건은 진정 명명될 수 없는 것이기 때문이다.

좀더 존재론적인 시각에서 그리스도교 담론은 지혜의 신(왜냐하면 신은 어리석은 것들을 선택했기 때문이다)도 권능[힘]의 신(약하고 천한 것들을 선택했기 때문이다)도 정당화하지 않는다고 주장해야 할 것이다. 그러나 신에 대한 이러한 전통적인 두 가지 규정을 하나로 통합하고 그것들을 폐기할 수 있는 기반을 정초하는 것이 훨씬 더 심층적인 것이다. 지혜와 권능은 존재의 속성들인 한에서 신의 속성들이 된다. 정확히 순수 지성이 지혜에 의해 명료화되는 존재의 최고 지점인 한에서, 그리고 보편적 권능이 그러한 권능의 무수한 표징들 — 존재자들$^{\text{les êtres}}$의 너머에 있는 것으로서의 존재$^{\text{l'Être}}$의 표징들이기도 한 — 이 사람들의 변전에 나누어 주어지거나 그것에 영향력을 행사할 수 있는 것인 한에서 신은 최고의 지성 또는 세계와 인류의 운명의 주재자라고 일컬어진다. 따라서 바울의 논리를 따라 우리는 **그리스도라는 사건은 신은 존재의 신이 아니며 존재 또한 아니라는 것을 입증하고 있다**고 말하는 데까지 나아가야 한다. 바울은 하이데거가 존재-신학 — 여기서 신은 최고의 존재자로, 따라서 존재가 그 자체로서 할 수 있는 것에 대한 척도로 생각된다 — 이라 칭한 것에 대해 이미 앞질러 비판을 개진한다.

우리가 주석하고 있는 텍스트 중에서 가장 급진적인 진술은 실제로는 "신은 있는 것들(τὰ ὄντα)을 폐하기 위해 있지 않는 것들(τὰ μὴ ὄντα)을 선택했습니다"라는 말이다. 그리스도라는 사건은 존재자보다는 오히려 비존재자들로 하여금 신에 대한 증명으로서 등장하도록 하며, 그러한 사건은 이전의 모든 담론들이 실존한다고 또는 존재한다고 간주했던 것을 폐기하는 데 있다는 사실은 바울의 반철학이 그러한 사건을 선언하는 사람이나 투사에게 요청하는 존재론적인 전복이 어느 정도인지를 가늠할 수 있게 해준다.

그리스도교 담론은 바로 — 인식하는 이성, 질서, 힘을 어리석음, 추문, 약함이 대체하며, 오로지 비존재만이 존재를 유효하게 단언해줄 수 있는 — 새로운 언어의 창안을 통해 짜여진다. 바울의 입장에서 보자면 그러한 짜임은 '그리스도교 철학'의 어떠한 관점들(그리고 거의 그의 사망 직후부터 그러한 관점이 부족한 경우는 한번도 없었다)과도 양립할 수 없다.

모든 형태의 지식과 관련해 그리스도교 담론의 새로움 그리고 그리스도교와 철학의 양립 불가능성에 대한 바울의 입장은 너무도 급진적인 것이어서 파스칼마저도 당황스럽게 할 정도이다. 그렇다. 반철학의 또 다른 위대한 인물이며, 과학의 주체라는 근대적 조건들 속에서 그리스도교적 주체를 식별하려 했고, 데카르트를 ("무용하고 불확실하다"고) 비난했으며, 아브라함, 이삭 그리고 야곱의 신을 철학자들과 과학자들의 신에 분명하게 대치시켰던 파스칼조차 어떻게든 바울을 이해할 수 없었다.

예를 들어『팡세』의 단편 547편(브롱슈빅 판)을 고찰해보자.

> 우리는 예수 그리스도를 통해서만 신을 알 수 있다. 이 매개자가 없다면 신과의 모든 소통은 끊어진다. 예수 그리스도를 통해서 우리는 신을 안다. 신을 안다고 주장하지만 예수 그리스도 없이 그것을 증명하려는 자들은 무력한 증거들만을 제시할 수 있을 뿐이다. 그러나 우리는 예수 그리스도를 증명하기 위해 견고하고도 뚜렷한 증거, 즉 예언들을 갖고 있다. 그리고 이미 완성되고 사건에 의해 진실됨이 증명된 그 예언들은 그러한 진리들의 확실함을, 또 그와 함께 예수 그리스도의 신성을 나타낸다. 따라서 우리는 예수 안에서, 또 예수를 통해서 신을 안다. 이것을 벗어나서는, 또 성서와 원죄 없이는, 우리에게 필수적인 중재자가 약속되고 도달하지 않고는, 우리는 신을 절대 증명할 수 없고, 올바른 교의도, 올바른 도덕도 가르칠 수 없다. 그러나 예수 그리스도에 의해, 그리고 예수 그리스도 안에서 우리는 신을 증명하고 도덕과 교의를 가르친다. 따라서 예수 그리스

도는 사람들의 진정한 신이다.

하지만 우리는 동시에 우리의 비참함을 안다. 왜냐하면 이 신은 우리의 비참함을 고쳐주실 분 외에 다른 무엇도 아니기 때문이다. 따라서 우리가 신을 잘 알 수 있는 것은 우리의 죄악을 앎으로써뿐이다. 그리하여 스스로의 비참함을 알지 못하고 신을 아는 사람들은 신이 아니라 자기를 찬양해왔을 뿐이다. *Quia ····· non cognovit per sapientiam ····· placuit Deo per stultitiam praedicationis salvos facere.**

이 글을 통해 우리는 파스칼과 바울의 공통점을 쉽게 확인할 수 있다. 근본적인 선언은 그리스도와 관련된다는 확신이 그것이다. 하지만 그것으로부터 사태는 두 가지 시각으로 나누어지기 시작한다.

1. 우리는 바울에게서는 매개[중재]라는 테마가 완벽하게 부재하는 것을 확인할 수 있다. 그리스도는 그것을 통해 우리가 신을 **알게** 되는 하나의 매개가 아니다. 예수 그리스도는 순수한 사건이며, 그러므로 앎이나 계시의 기능이 문제가 될 때에도 그것 자체로서는 하나의 기능이 아니다.

우리는 여기서 심층적인 일반적 문제에 부딪히게 된다. 사건을 하나의 기능, 즉 매개[중재]로 생각할 수 있을까? 지나가는 김에 이러한 질문은 혁명적 정치의 전 시기를 관통해왔

---

* "이 세상은 그 지혜로 ····· 알지 못하였습니다. ····· 하나님께서는 어리석게 들리는 설교를 통하여 믿는 사람들을 구원하시기를 기뻐하신 것입니다"(「고린도전서」, 1장 21절).

다는 것을 언급하고 넘어가기로 하자. 혁명에 충실한 많은 사람들에게 혁명은 도래하는 것이 아니라 다른 것이 존재할 수 있도록 하기 위해 도래해야만 하는 것이다. 혁명은 부정(성)의 계기로서 코뮌주의의 매개[중재]이다. 마찬가지로 파스칼에게 그리스도는 우리가 자포자기와 무지에 빠져 있지 않도록 해주는 매개적 인물이다. 반면에 바울에게 그리스도는, 혁명을 정치적 진리의 자족적인 시퀀스로 생각하는 사람들에게서와 마찬가지로 하나의 **도래**^{venue}이다. 그리고 기존의 담론 체계들을 중단시키는 사람이다. 그리스도는, 즉자적으로 그리고 대자적으로, **우리에게 도래하는 것이다**. 그리하여 무엇이 우리에게 도래하는가? 우리가 율법에서 풀려나는 것이 그것이다. 그렇지만 매개[중재]라는 생각은 여전히 율법적인 힘을 갖고 있다. 그것은 지혜, 철학과 화해한다. 그러한 질문은 바울에게는 결정적인 것인데, 왜냐하면 율법으로부터 풀려나야만 진정 아들이 될 수 있기 때문이다. 사건은 그것이 보편적인 아들-되기를 발생시키지 않는다면 왜곡된 것이다. 그러한 사건을 통해 우리는 자녀로서의 동등성을 갖게 된다. 바울에게 우리는 노예이거나 아니면 아들이다. 아마 그는 틀림없이 매개라는 파스칼의 생각을 여전히 아버지의 율법주의에 예속되어 있는 것으로, 따라서 사건의 근본성에 대한 음험한 부정으로 간주했을 것이다.

2. 파스칼은 그리스도교 담론이 약함, 어리석음, 비존재자의 담론이라는 것을 아주 마지못해 받아들인다. 바울은 "우리

설교의 어리석음"이라고 말하고 파스칼은 그것을 "우리의 비참함에 대한 앎"이라고 번역한다. 그것은 바울의 주제가 아니다. 바울에게서 비참함이란 항상 율법에 예속되어 있는 것이기 때문이다. 파스칼의 반철학은 여전히 앎을 위한 조건들에 묶여 있다는 점에서 **전통적**classique이다. 바울에게 중요한 것은 앎의 문제가 아니라 주체의 도래이다. 우리가 알고 있는 것과는 다르며 바울이 육체의 주체적 길이라고 부르는 주체적 길이, 또 다른 주체가 있을 수 있을까? 이것이야말로 바로 앎의 어떤 규약들도 해결할 수 없는, 단 하나의 문제이다.

근대의 자유사상가libertin들을 설득시키고 싶어 하기 때문에 파스칼은 앎의 문제에 사로잡혀 있다. 그의 전략이 충족되려면 그리스도교라는 종교의 우월성을 합리적으로 **증명**할 수 있어야 한다. 특히 그리스도가 이 세상에 온 것과 관련하여 이 사건은 『신약』이 『구약』의 합리적 해독(명백한 의미와 숨겨진 의미라는 교의를 통해)으로 정당화하고 있는 예언들을 완성하고 있다는 것을 증명해야 한다. 따라서 『구약』은 그 자체에서 『신약』을 향해 신호를 보내고 있는 것에서 자체의 정합성을 끌어낸다.

바울이라면 파스칼의 표징 이론과 이중적 의미에 대한 이론이 유대 담론에 대한 받아들일 수 없는 양보라고 생각했을 것이다. 마찬가지로 그는 두 가지 무한에 대한 변증적 추론뿐만 아니라 신앙에 대한 개연적 내기론도 철학적 담론에 대한 묵과할 수 없는 양보라고 보았을 것이다. 왜냐하면 바울에게

이 사건은 무엇인가를 증명하기 위해 일어난 것이 아니라 순수한 시작이기 때문이다. 그리스도의 부활은 하나의 논거도 완성도 아니다. 그러한 사건에 대한 증거도 없고, 사건이 증거인 것도 아니다. 반면 파스칼에게서 앎은 바울에게선 믿음만이 자리하고 있는 곳에서 생겨난다. 따라서 파스칼에게 중요한 것은, 바울과는 반대로, 지혜라는 전통적 장치를 통해 그리스도교의 '어리석음'에 균형을 맞추어주는 것이다.

> 우리 종교는 지혜롭고도 어리석다. 그것은 가장 지적이고 기적, 예언 등에 확고한 기반을 두고 있으므로 지혜로운 것이지만, 그렇다고 해서 이 모든 것들이 우리에게 믿음을 주지는 않기 때문에 어리석은 것이다. 그것은 믿음을 갖고 있지 않은 사람들을 비난하는 충분한 구실은 될 수 있을지언정 믿는 사람들의 믿음의 근거는 될 수 없다. 그들을 믿게 하는 것은 바로 십자가이며, *ne evacuata sit crux.**
> 따라서 지혜와 표징들을 통해 온 바울은 자신이 지혜나 표징으로 온 것이 아니라고 말한다. 왜냐하면 그는 믿음을 갖게 하려고 온 것이기 때문이다. 그러나 오로지 확신을 갖게 하려고 온 사람들은 자신들이 지혜와 표징들을 통해 왔다고 말할 수 있다.**

우리는 여기서 바울과는 전혀 다른 파스칼적 방식의 실례를 볼 수 있다. 그것을 균형 잡힌 모순이라고 부르기로 하자.

---

* 십자가가 헛되이 되지 않게 하려는 것이다(「고린도전서」, 1장 17절).
** 『팡세』, 단편 588편(브롱슈빅 판).

파스칼은 믿음을 갖는 것과 확신을 대립시킨다. 믿음을 가지려면 분명히 어리석음과, 십자가를 설교하는 편에 있어야 한다. 그러나 확신을 가지려면 증명(기적들, 예언들 등등)의 요소들을 통해야 한다. 파스칼이 볼 때 바울은 진정한 정체를 숨기고 있다. 그는 표징과 지혜를 통해 행동하지만 믿음을 갖기 위해 본인은 그런 것들에 의거하지 않는다고 주장하는 것이다.

파스칼이 바울을 이런 식으로 재구성하는 것으로 미루어 볼 때 우리는 의당 그가 바울의 급진성에 대해서는 침묵하리라는 것을 예상할 수 있다. 왜냐하면 바울은 유대 담론의 질서에 속하는 표징들도, 그리스 담론에 속하는 지혜도 명백히 거부하기 때문이다. 그는 자신을 이 양자에서 벗어난 주체적 형상을 전개하는 사람으로 제시한다. 그것은 곧 기적들도, 예언들에 대한 합리적인 해석도, 세계의 질서도 그리스도교적 주체를 정립하는 데서는 아무런 가치도 갖고 있지 못하다는 것을 의미한다. 하지만 파스칼이 보기에는 그러한 기적과 예언들이 문제의 핵심이다. "기적들에 반하여 이성적으로 믿는 것은 불가능하다"(단편 815편), "예수 그리스도에 대한 가장 커다란 증거들은 예언들이다"(단편 706편). 예언들도, 기적들도 없다면 우린 아무런 증거도 갖지 못할 것이고, 그리스도교의 우월성도 이성의 법정 앞에서는 지탱되지 못할 것인데, 그것은 우리가 근대의 자유사상가들을 설득할 어떤 기회도 갖지 못함을 의미한다.

반면 바울에게는 바로 그러한 증거의 부재가 그리스도교적 주체를 구성하는 믿음을 강제하는 것이다.

예언들과 관련해 그리스도라는 사건이 그러한 예언들의 실현인지의 여부는 바울이 행한 설교 전체를 살펴보아도 실질적으로 알 수가 없다. 다름 아니라 그리스도는 가늠될 수 없기 때문이다.

기적들과 관련해 노회한 정치가인 바울은 그것들의 존재를 부인하는 위험을 무릅쓰지는 않는다. 심지어 그는 종종 그와 경쟁 상태에 있는 이러저러한 마술사들처럼 기적을 행할 수 있다고 암시하고 있기조차 하다. 그 역시 만약 원하기만 했다면 초자연적 황홀경을 자랑할 수 있었을 것이다. 그러나 그는 그렇게 하려고 하지 않았으며, 대신 주체의 허약함 그리고 표징들과 증거들의 부재를 최상의 증거로서 제시했다. 그와 관련된 결정적 구절을 「고린도후서」, 12장 1~11절에서 찾아볼 수 있다.

자랑함이 나에게 이로울 것은 없으나, 이미 말이 나왔으니, 주님께서 보여주신 환상들과 계시들을 말할까 합니다. 나는 그리스도를 믿는 사람 하나를 알고 있습니다. 그는 14년 전에 셋째 하늘에까지 이끌려 올라갔습니다. [……] 이 사람이 [……] 말로 표현할 수도 없고 사람이 말해서도 안 되는 말씀을 들었습니다. [……] 내가 자랑하려 하더라도 진실을 말할 터이므로 어리석은 사람이 되지는 않을 것입니다. 그러나 자랑은 삼가겠습니다. 그것은 사람들이 내게서 보거나 들은 것 이상으로 나를 평가하지 않게 하려는 것입니다. [……] 주님께서는 내게 이렇게 말씀하셨습니다. "내 은혜가 네게 족하다. 내 능력은 약한 데서 완전하게 된다." 그러므로 그리스도의 능력이 내게 머무르게 하기 위하여 나는 더욱더 기쁜 마음으로 내 약점을 자랑하려고 합니다. [……] 내가 약할 그때에 오히려 내가 강하기 때문입니다.

따라서 분명히 바울에게도 기적들이 존재하며 또 그에게도 중요한 것임을 알 수 있다. 그는 하나의 특수한 주체적 형상, 즉 '황홀경에 빠진' 형상을, 아마도 살아서 몸 밖으로 불려 나간 사람의 형상을 그리고 있다. 그러나 그러한 형상이야말로 사도가 제시하지 않으려는 것이다. 사도는 오로지 다른 이들이 보고 듣는 것에만, 즉 그의 선언에 대해서만 책임을 져야 한다. 그는 신과 대화한 이러한 또 다른 주체, 자신 속에 또 한 사람의 타자^{Autre}로서 존재하는 인격체의 이름으로 스스로를 자랑해서는 안 된다("나는 이런 사람을 자랑하려고 합니다. 그러나 나 자신을 두고서는 내 약점밖에는 자랑하지 않겠습니다." 「고린도후서」, 12장 5절). 그리스도교 담론은 기적의 담론이 되는 것을 단호히 거부하고 자체 내의 약함을 감수하는 확신의 담론이 되어야 한다.

여기서 잠깐 바울이 은연중에 그리스 담론(지혜), 유대 담론(표징들), 그리스도교 담론(사건에 대한 선언) 이외에 가능한 네 번째 담론을 그려 보이고 있다는 것을 지적하고 넘어가기로 하자. 파스칼이 전통적 이성에 비추어 드러내려는 이 담론은 기적의 담론이라고도 할 수 있는데, 바울은 그것을 찬양의 주체적 담론이라고 부른다. 그것은 말로 표현할 수 없는 담론, 비담론의 담론이다. 그것은 소리 없는, 신비주의적인 친밀성으로서의 주체, '말로 표현할 수 없는 것들(ἄρρητα ῥήματα)' ─ 차라리 '말로 표현할 수 없는 말들'이라고 번역하는 쪽이 더 나을지도 모르겠다 ─ 에 사로잡혀 있는 주체로서, 기적이 임재한 주체만이 그것을 체험할 수 있다. 하지만 다시 이 사도를 분열시키고 있는 이 네번째 주체적 형상은 선언에 포함되어서는 안 되며, 선언은 그와는 반대로 약함에 대한 비참한 증거에서 자양분을 얻는다. 그러한 형상은 한쪽으로 밀려나며, 파스칼과는 반대로 바울은 그리스도교 담론은 그러한 형상을 자랑해서 얻을 것이 아무것도 없음을 확신한다. 네번째 담론(기적적이거나 신비주의적인)은 **호출되지 않은** 채로 남아 있어야 한다. 그것은 이 담론이 설교의 장에 들어올 수 없다는 것을 의미한다. 따라서 궁극적으로 볼 때 바울이 파스칼보다 훨씬 더 합리적이라고 할 수 있다. 선언적 입장을 기적의 위세를 내세워 정당화시키려는 것은 헛된 일이라는 것이다.

바울에게서 네번째 담론은 무언의 보충물로, 주체의 **타자적 부분**을 둘러싸는 것으로 머물 것이다. 바울은 호출된 담론, 즉 믿음의 선언의 담론이, 호출되지 않은 담론 ─ 이것의 실체는 말로 표현할 수 없는 말들에 있다 ─ 을 논거로 삼는

담론들의 이론 103

것을 거부한다.

나는 바로 여기에 모든 진리의 투사들에게 중요한 하나의 지침이 있다고 생각한다. 기적을 통한 진리와의 소통을 내밀한 원천으로 하여 선언을 정당화시키려는 시도는 결코 해서는 안 된다는 것이 그것이다. 오로지 진리에 대한 선언이라는 작업만이 진리를 구성하므로 진리를 주체적 '무언無言 상태'에 남겨두기로 하자.

나는 호출되지 않은 담론에 기대 자기를 정당화하려는 모든 [호출된] 담론을 '몽매주의적인' 것으로 부를 것이다. 파스칼이 기적들에 기초해 그리스도교의 우월함을 확정하려고 했을 때 그는 바울보다도 더 몽매주의적이었음을 확실히 해두어야 한다. 왜냐하면 그는 틀림없이 순수한 사건을 (자유사상가들을 위해) 기회의 계산이라는 매혹으로 은폐하려고 했기 때문이다.

바울이 본인의 기적 체험을 자랑하지는 않았지만 또 숨기지도 않으면서 자기는 기적을 자랑하는 사람, '황홀경에 빠진' 주체 그리고 선언과 허약함의 사람 사이에서 내적으로 분열되었다고 말할 때 그에게도 분명히 꾀바른 부분이 있다. 그러나 그에게는, 그리고 이 문제와 관련해서는 다른 공인된 사도들 중에서 유일하게 그에게만 반몽매주의적인 윤리적 차원이 존재한다는 것을 부인할 수 없을 것이다. 그것은 바울이 그리스도교의 선언을 말로 표현할 수 없는 것을 통해 정당화하는 것을 용납하려고 하지 않기 때문이다. 그는 그리스도교적 주체가 본인의 발화를 말할 수 없는 것 위에 근거짓는 것을 용납하지 않는다.

약함은 감춰진 힘을 통해 구제되지 않는다는 것을 바울은 마음속 깊이 확신하고 있었다. 신의 권능[힘]은 약함 그 자체 속에서 완성된다. 바울에게서 담론의 윤리는 결코 세번째 담론(그리스도라는 사건에 대한 공공연한 선언)을 네번째 담론(내밀하게 기적을 체험한 주체의 찬양)에 봉합하지 않는 데 있다고 말하기로 하자.

이 윤리는 철저하게 정합적이다. 내가 (파스칼처럼) 세번째 담론(그리스도교 믿음의 담론)을 정당화하기 위해 네번째 담론('기쁨, 기쁨의 눈물들……')을, 다시 말해 말할 수 없는 내밀한 말을 내세운다고 가정하면 나는 **필연적으로 두번째 담론**, 즉 **표징의 담론, 유대 담론 속에 다시 빠지게 된다**. 도래할 것의 표징이 아니라면 예언이란 무엇이란 말인가? 또 기적이 참됨$^{\text{le Vrai}}$의 초월성에 대한 표징이 아니라면 무엇이란 말인가? 바울은 네번째 담론(신비주의)에 주변적이고 비활성적인 위치만을 부여함으로써 그리스도교 선언의 근본적인 새로움이 표징과 증거의 논리에 다시 빠지지 못하도록 한다.

바울은 굳건하게 약함이라는 전투적 담론을 붙잡는다. 선언은 그것이 선언하는 힘 말고는 어떠한 다른 힘에도 기대지 않을 것이며, 예언적 예정의 위세를 내세우거나, 기적적인 예외나 말로 표현할 수 없는 내면적 계시의 위세를 내세워 설득하려고 하지 않을 것이다. 주체의 개별성이 주체가 말하는 것을 타당하게 만들어주는 것이 아니다. 주체가 말하는 것이 주체의 개별성을 정초한다.

이와 반대로 파스칼은 설득력 있는 해석, 기적에 대한 확신, 그리고 내밀한 의미를 한꺼번에 선택한다. 파스칼은 —이 말의 실존적 의미에서 — 증거를 포기할 수 없는데, 그것은 그가 전통적인 사람 가운데 하나이고, 그의 질문은 실증과학 시대의 그리스도교 주체에 대한 물음이기 때문이다.

바울의 반철학은 전통적이지 않는데, 기적에 의한 것일지라도 증거란 없다는 것을 그가 받아들이기 때문이다. 확신에 관한 담론의 힘은 다른 질서에 속하는 것으로, 이 힘은 추론의 형태를 파괴할 수 있다.

> 싸움에서 쓰는 우리의 무기는 육체의 무기가 아니라 견고한 요새라도 무너뜨리는 하나님의 강한 무기입니다. 우리는 궤변을 무찌르고 하나님을 아는 지식을 가로막는 모든 교만을 쳐부수고 모든 생각을 사로잡아서 그리스도께 복종시킵니다(「고린도후서」, 10장 4~5절).

「고린도후서」(4장 7절)에 있는 저 멋지고 유명한 은유는 증거도, 기적도, 설득력 있는 표징도 없는 이 담론 체제에, 유일하게 사유를 사로잡는 이 가식 없는 사건의 언어에 부합하고 있다. "우리는 이 보물을 질그릇에 간직하고 있습니다. 이 엄청난 능력은 하나님에게서 나오는 것이지 우리에게서 나오는 것이 아닙니다."

이 보물이란 사건 그 자체, 즉 너무도 불안정한 어떤 일이 일어났음 외에 다른 것이 아니다. 우리는 이 보물을 그것과 동질적인 불안정함 속에 겸허하게 지녀야 한다. 세번째 담론은 약함 속에서 완성되어야 한다. 왜냐하면 바로 거기에 그것의 힘이 있기 때문이다. 그것은 로고스도, 표징도, 말해질 수 없는 것에 의한 황홀경도 되어서는 안 된다. 이 담론은 자체의 실제적인 내용 말고는 아무런 위세도 없이 공공연한 행동과 가식 없는 선언이라는 초라한 투박함만을 가질 것이다. 각자가 보고 들을 수 있는 것 외엔 아무것도 없을 것이다. 질그릇이란 바로 그런 것이다.

  (사랑, 예술, 과학 또는 정치의) 어떤 진리의 주체인 사람은 누구나 자기가 그러한 보물을 갖고 있음을, 또 무한한 하나의 힘에 전율하고 있음을 안다. 이처럼 불안정하기 짝이 없는 진리가 전개되기를 지속하느냐 아니냐의 여부는 오로지 주체의 약함에 달려 있다. 따라서 우리 각자는 오직 이 질그릇 안에 그러한 진리를 담아두고서 매일매일 어느 것도 이 그릇을 깨지 못하도록 주의해야 할 책무 — 조심스러움, 섬세한 사유들 — 를 지켜나가야 한다고 말할 수 있을 것이다. 왜냐하면 그것이 깨져 안에 담겨 있던 보물이 연기 속에 사라지면 또한 그가, 주체가, 익명의 소유자가, 포고자가 마찬가지로 부수어질 테니까 말이다.

5

|

주체의 분열

바울이 그리스도라는 사건의 조건하에, 존재하는 것들 대신 존재하지 않는 것들이 선택되었다고 주장할 수 있었던 것은 바울에게 그리스도교 담론은 그것의 대상에 대해 완전히 새로운 관계를 맺고 있는 것으로 비쳤음을 전형적으로 보여 준다. 여기서 문제가 되는 것은 실재의 또 다른 형상이다. 그러한 형상은 이처럼 전례 없는 실재와의 새로운 관계 속에서 주체를 구성하는 것은 주체의 통일성이 아니라 분열이라는 것을 드러냄으로써 전개될 것이다. 왜냐하면 **하나의** 주체란 실제로는 바울이 육체(사르크스 σάρξ)와 영(프네우마 πνεῦμα)이라고 명명한 주체의 두 갈래 길을 엮어놓은 것이기 때문이다. 그리고 다시 이 실재는 주체를 구성하는 두 갈래 길에 의해 어떤 식으로든 '포착되는' 한 두 가지 이름, 즉 죽음(타나토스 θάνατος) 또는 생명(조에 ζωή)이라는 이름에 따라 굴절된다. 주체화하는 사유 속에서 사유되는 것이 실재라고 할 때 제법 난해하지만 핵심적인 경구대로 "τὸ γὰρ φρόνημα τῆς σαρκὸς θάνατος, τὸ δὲ φρόνημα τοῦ πνεύματος ζοή[καὶ εἰρήνη]"(「로마서」, 8장 6절)라고 주장하는 것도 얼마든지 가능할 텐데, 죽음을 사유와 동일시한다는 것이 제아무리 어렵다 해도 우리는 이 말을 망설이지 말고 "육체에 속한 생각은 죽음입니다. 그러나 영에 속한 생각은 생명[과 평화]입니다"라고 번역해야 할 것이다.

이 주제가 플라톤적으로(즉 그리스적으로) 수정된 채 수세기가 지나면서 막상 거기서 핵심적인 사항, 즉 **영**l'esprit**과 육체**la chair **사이의 대립은 영혼**l'âme**과 몸**le corps **사이의 대립과는 아무런 관계도 없다**는 점을 파악하는 것이 거의 불가능해졌다. 바로 이러한 혼동으로 인해 앞의 한 쌍이 뒤의 한 쌍과 마찬가지로 자신들의 실재를 대립되는 이름들을 통해 판별하는 사유들이 되었다. 바울이 다마스쿠스에서의 회심 이전 박해자로서의 자기 모습을 상기시키면서 "생명으로 인도해야 할 그 계명이 도리어 나를 죽음으로 인도한다는 것이 드러났습니다"(「로마서」, 7장 10절)라고 단언할 수 있다면 그것은 주체의 준칙이 항상 육체에 따라서냐 아니면 영에 따라서냐에 따라 두 가지 가능한 의미로 파악되기 때문이다. 이때 그리스적 유형에 의한 어떤 실체적인 구분(영혼과 몸, 사유와 감성 등등)도 주체의 짜임을 풀어내는 것은 가능하지 않다. 그리스도라는 사건에 충실함으로써 사유 속에서 모든 주체에 영향을 미치는 두 갈래 길로 분열되는 것이 그리스도교적 주체의 본질이다.

주체의 분열 이론은 다른 담론들이 대상으로 삼는 것들을 기각시킨다. 그것은 실재의 사건적 성격을 외피로 한 **또 다른** 대상의 출현이다.

그리스 담론에서는 사유의 머무름으로서의 유한한 우주적 총체성이 대상이 된다. 실재는 우리에게 할당된 자리를 적절하게 차지하려는 (철학적) 욕망을 불러일으키는데, 사유는 그러한 자리들의 할당을 위한 원칙을 얼마든지 되찾을 수 있다. 사유가 진정한 실재라고 판별하는 것은 하나의 자리, 하나의 머무름으로 현자는 그것을 승인하는 것이 필요하다는 것을 안다.

우주적 총체성을 가로지르고 해체하는 그리스도라는 사건은 바울에게서는 정확히 그러한 자리들의 헛됨을 가리킨다. 주체가 자신의 약함을 낱낱이 알리는 곳에서 실재는 오히려 모든 자리들의 찌꺼기라는 것이 입증된다. "우리는 이 세상의 쓰레기처럼 되고, 이제까지 만물의 찌꺼기처럼 되었습니다"(「고린도전서」, 4장 13절). 따라서 우리는 찌꺼기의 주체성을 수용해야 한다. 그리스도교 담론의 대상은 오로지 이러한 낮춤을 대면할 때에만 갑자기 출현할 수 있다.

우리는 여기서 분석가의 윤리에 관한 라캉의 몇몇 주제와의 일치점을 발견할 수 있을 것이다. 치료 말미에 분석가도 그와 마찬가지로 피분석자가 자신의 실재와의 이런저런 만남을 견딜 수 있도록 스스로 찌꺼기의 위치를 차지하는 데 동의해야 한다. 라캉이 지적하듯이 그것을 통해 분석가는 성스러움에 아주 가까이 접근한다.

유대 담론의 경우에는 선민적 귀속 그리고 신과 그의 민족 사이의 예외적인 결연이 대상이 된다. 실재 전체는 이러한 결연의 봉인에 의해 각인되고 율법의 엄수 속에서 수용되고 표출된다. 실재는 계명에 기반해 제시된다. 실재를 구성하는 예외는 오로지 율법의 태곳적 차원을 통해서만 사고될 수 있다.

바울에게 그리스도라는 사건은 율법에 이질적인 것이자 모든 규정들 위로 넘쳐흐르는 순수한 범람이고, 개념도 적절한 의례도 없는 은총이다. 실재는 더이상 자기 자신의 자리로 오거나 돌아오는 것(그리스적 담론)이 아닌 것과 마찬가지로 선별적인 예외에 의해 초시간적인 율법으로서 석판에 문자로 씌어질 수 있는 것(유대 담론)일 수도 없다. 자리들의 체제와 총체성을 폐절함으로써 '설교의 어리석음'은 우리를 그리스의 지혜로부터 벗어나게 해줄 것이다. 또 계율의 준수와 의례들을 폐절함으로써 우리를 유대 율법으로부터 벗어나게 해줄 것이다. 순수한 사건은 자연이라는 전체와도, 문자라는 정언명령과도 화해할 수 없다.

실재를 순수한 사건으로 여기는 그에게 그리스 담론과 유대 담론은, 레비나스의 작업에서 여전히 그러하듯, 더이상 사유를 위한 중요한 차이의 패러다임을 제시하지 못한다. 바로 그것이 바울의 보편주의적 확신의 이면에 숨어 있는 원동력이다. 즉 '민족적^{ethnique}' 혹은 문화적 차이 — 바울의 시대 그리고 로마 제국 전체에서는 그리스와 유대의 대립이 원형을 이루고 있었다 — 는 실재 또는 새로운 담론을 배치하고 있는 새로운 대상과 관련해서는 더이상 중요한 의미를 갖지 않는다는 것이다. 어떤 실재도 더이상 처음의 두 담론을 구별하지 않고, 양자의 차이는 수사학 속으로 사라져버리고 만다. 바울이 그러한 차이의 명백함에 맞서 "유대 사람이나 그리스 사람이나 차별이 없습니다"(「로마서」, 10장 12절)라고 선언하듯이 말이다.

보다 일반적으로 말하자면 실재가 사건으로 식별되고 주체의 분열을 개시하는 시점부터 담론 속에서 그러한 구분의 형상들은 시한을 다하게 되는데, 그러한 형상들에 의해 수립된 실재의 위치가 사건의 반작용 속에서 환상적인 것으로 드러나기 때문이다. 이와 비슷하게 실재가 포착될 수 있도록 해준 길들 — 육체의 길과 영의 길 — 에 의해 분열된 주체와 비교해 그리스의 지혜나 유대의 율법에 의해 만들어진 '민족적' 주체들은 **완전한**^{plein}, 즉 나누어지지 않은 주체를 영구히 유지할 것을 요구하기 때문에 자격을 잃게 되는데, 그러한 주체들 특유의 술어들로는 계보학, 기원, 영토, 의례 등등을 열거할 수 있을 것이다.

유대와 그리스 사이에는 아무런 차이가 없다고 선언하는 것이 그리스도교의 잠재적인 보편성을 확립한다. 주체를 전통의 영속화로서보다는 분열로 정초하는 것은 문화적 주체들의 술어적 특수주의를 해지함으로써 주체적 요소를 이러한 보편성에 적합하게 만들어준다.

보편주의, 따라서 모든 진리의 실존은 대면할 것이라곤 오로지 사라진 사건뿐이라는 시련에 의해 기존의 차이들의 폐기와 그 자체가 분열된 주체의 도입을 요청한다는 것은 의문의 여지가 없다.

모든 문제는 과연 실재를 순수한 사건으로 형상화하는 담론이 견고함을 가질 수 있는가 하는 것이다. 그것이 가능할까? 바울은 그러한 길을 따라가려고 시도한다.

다시 한번 강조하기로 하자. 바울은 실재를 식별해준다고 가정한 사건이 실재가 **아니기** 때문에(부활은 우화이기 때문에) 철학을 폐기함으로써만 그러한 길에 들어설 수 있었다. 바로 이것이 바울이 오늘날의 반철학자들과 구별되는 점이라고 할 수 있을 것이다. 이들은 실재로서의 사건을 실질적인 진리들의 영역 속에 한정시킨다. 예컨대 니체의 '위대한 정치', 라캉의 건축-과학적 분석 행위, 비트겐슈타인의 신비주의적인 미학이 그러하다. 그 결과 철학과 관련된 한 바울의 주체적 입장은 사유를 철학이란 질병으로부터 치유하려고 한 현대의 모든 '치료적' 경향들보다도 훨씬 더 과격한 것이 된다. 바울의 명제는 이렇다. 즉 철학이 오류나 필연적인 착각, 환상 등등이라는 것이 아니라 더이상 철학의 주장을 수용할 수 있는 장소가 없다는 것이다. 지혜의 담론은 완전히 시대에 뒤떨어진 것이다. 바로 그것이 — 아마 조작된 것이겠지만 — 「사도행전」에서 바울과 그리스 철학자들의 아레오파고스에서의 만남에 관한 이야기가 상징화하고 있는 것이다. 바울의 일장 연설이 유일하게 중요한 현실[실재]인 부활을 건드리자마자 철학자들은 웃음을 터트렸을 것이다. 『안티크리스트』적 의미에서의 이러한 니체적 웃음은 대립이 아니라 분리를 표현하고 있다. 이러한 분리의 공식은 "하나님의 어리석음이 사람의 지혜보다 더 지혜롭고, 하나님의 약함이 사람의 강함보다 더 강합니다"(「고린도전서」, 1장 25절)이다. 지혜에 대한 어리석음의 우위, 강함에 대한 약함의 우위는 지배의 정식의 소멸을 명하는데, 그러한 정식이 없다면 철학도 존재할 수 없다. 따라서 철학을 논의하는 것마저 더이상 가능하지 않은 이상 모든 지배적 형상의 종식과 동시에 철학의 **실질적** 종식을 선언해야 한다.

바울은 끊임없이 우리에게 말한다. 유대인들은 표징들을 찾고 '기적들을 요청'하며, 그리스인들은 '지혜를 찾고' 질문을 던지지만 그리스도인들은 십자가에 못 박힌 그리스도를 선언한다고 말이다. 요청-질문-선언, 이것이 바로 이 세 가지 담론의 고유한 언어적 모습들이며 그들의 주체적 태도이다.

사람들이 표징들을 요구할 때 그러한 표징들을 아낌없이 주는 자는 그것들을 요구하는 자들의 지배자가 된다. 사람들이 철학적으로 질문할 때 대답할 수 있는 자는 그렇지 못한 주체의 지배자가 된다. 그러나 예언이나 기적의 보증 없이,

논거나 증거들도 없이 선언하는 자는 지배자의 논리 속으로 들어가지 않는다. 실제로 선언은 지배자가 자리 잡게 되는 (요구의) 공백$^{\text{le vide}}$에 의해 영향을 받지 않는다. 선언하는 자는 어떤 부족함도 증언하지 않고, 지배자의 형상에 의해 그러한 부족함이 채워지는 것도 있을 수 없다. 바로 이 때문에 그는 아들의 위치를 차지할 수 있다. 그리스도가 **아들**이라는 것은 사건의 선언이 선언하는 자를 자녀로 만드는 것에 대한 상징이다.

철학은 단지 제자들밖에 모른다. 하지만 아들로서의 주체$^{\text{sujet-fils}}$는 제자로서의 주체$^{\text{sujet-disciple}}$에 대립한다. 왜냐하면 아들로서의 주체는 생명이 시작되는 주체이기 때문이다. 그러한 시작이 가능하려면 아버지인 신은 본인을 아들로 삼아야 하며, 본인이 아들의 형상을 띠어야 한다. '[아들을] 보냄'이라는 수수께끼 같은 말로 잘 표현되고 있듯이 아버지가 우리로 하여금 우리 자신이 보편적으로 아들로서 나타나게 하는 것은 이처럼 아들의 형상에 동의함으로써이다. 아들은 아무것도 부족함이 없는 자인데, 왜냐하면 그는 시작일 뿐이기 때문이다. "그러므로 여러분 각 사람은 이제 종이 아니라 자녀입니다. 자녀이면, 하나님께서 세워주신 상속자이기도 합니다"(「갈라디아서」, 4장 7절).

언제나 특수한 아버지는 아들의 보편적 명백성 뒤로 물러난다. 그리고 모든 사건 이후적인 보편성은 아버지들의 특수성을 소산^{消散}시킴으로써 아들들을 평등하게 한다. 따라서 모든 진리는 파괴될 수 없는 **젊음**으로 특징지어진다.

이후 신학은 아버지와 아들의 실체적인 동일성을 확립시키기 위해 온갖 종류의 왜곡에 몰두할 것이다. 바울은 삼위일체에 대한 그러한 질문들에는 전혀 관심이 없다. 그에게는 '아들을 보냄'이라는 반철학적 은유로 충분하다. 왜냐하면 그는 단지 사건만을 필요로 하고, 이처럼 순수한 도래를 실체와 동일성이라는 철학적 어휘를 통해 철학적으로 재기입하는 것을 전면적으로 거부하기 때문이다.

부활한 아들은 모든 인류를 혈연관계로 만든다. 그것이 앎[지식]이라는 형상과 그것의 전달의 무용성을 구성한다. 바울에게 지식이라는 형상은 그 자체가 율법의 형상과 마찬가지로 예속의 형상이다. 그와 결합되어 있는 지배의 형상은 실제로는 하나의 협잡이다. 지배자를 축출하고 아들들의 평등을 정초해야 한다.

보편성의 필수적인 상관항인 이러한 평등의 가장 강력한 표현은 「고린도전서」, 3장 9절에서 찾아볼 수 있다. 우리는 모두 '데우 수네르고이θεοῦ συνεργοί', 신의 동역자同役者이다. 이것은 웅대한 준칙이다. 지배자의 형상이 붕괴되는 곳에 노동자의 형상과 평등의 형상이 한데 결합하여 도래한다. 모든 평등은 하나의 노동에 함께 속해 있는 평등이다. 진리의 공정에 참여하는 자들은 논란의 여지 없이 그러한 도정의 동역자들이다. 그것이 바로 아들이라는 은유가 가리키는 것이다. 즉 아들이란 하나의 사건이 평등을 목표로 하는 공동의 사업을 위해 율법 그리고 그와 관련된 모든 것으로부터 구원해낸 사람이라는 것이다.

하지만 사건으로 되돌아가야 한다. 모든 것이 사건에 달려 있으며, 특히 **참됨**의 사업의 동역자들인 아들들이 그러하다. 보편적 아들의 보호 아래 보편성과 평등이 함께 속하려면 사건은 어떤 것이어야 할까?

바울에게 사건은 분명히 한 특수한 개인, 잘 알듯이 예수의 전기傳記도, 가르침도, 기적들에 대한 이야기도, 이중적인 의미를 지닌 격언들도 아니다. 분열된 그리스도교적 주체에 적용될 수 있으며, 내밀한 계시보다 선언의 능동적 실재를 앞세우고 특수한 공적들보다 비인칭적 믿음을 앞세우는 규칙은 예수에게도 적용된다. 후자의 경우 바울은 여기서도 역시 아들이 신적인 것과 내면적으로 소통했으며, 말로 표현할 수 없는 말에 사로잡혔으며, 또한 기적적인 치료, 떡 다섯 덩어리와 물고기 두 마리로 수천 명을 먹인 것, 물 위를 걸은 것, 그 밖의 다른 놀라운 이적들과 관련해서도 로마 제국의 동쪽 지방에 들끓던 돌팔이 주술사들에 전혀 밀리지 않았다는 사실을 부인하지 않을 것이다. 비록 이러한 외적인 능력을 언급하는 것을 소홀히 함으로써뿐이라고는 해도, 그는 이 중 어느 것도 진리의 새로운 시대를 정초하기에는 충분하지 않다는 것을 환기시킨다. 예수라는 이름의 한 특수한 개인이 말하고 행한 것은 사건이 전혀 다른 운명을 위해 포착하는 부수적인 소여일 뿐이다. 이런 의미에서 예수는 지배자도 모범도 아니다. 예수는 우리에게 보편적으로 도래하는 것의 이름이다.

바울이 '랍비의 냉소주의'로 복음 이야기들을 대하고 있다고 생각한 니체는 그러한 이야기들을 채우고 있는 일화들의 달콤함에 이 사도가 전혀 무관심하다는 것을 완벽하게 간파했다. 니체에게는 그러한 무관심은 삶에 대한 증오와 권력에의 욕구가 제멋대로 날뛰게 만드는 고의적 왜곡이다.

> 생, 모범, 가르침, 죽음, 모든 복음의 의미와 정당화 — 이 위조자가 증오에 가득 차 오로지 자신의 목적에만 사용할 수 있는 것을 파악했을 때, 이 모든 것은 더이상 남아 있지 않았다. 현실도 역사적 진실도! [……] 바울은 단지 그의 실존 전체의 중심을 그러한 실존 저 너머로, '예수가 부활했다'는 거짓말 속으로 옮겨놓았을 뿐이다. 사실 바울은 구원자의 생애에는 아무런 관심이 없다. 그에게 필요한 것은 십자가에서의 그의 죽음, 그리고 거기에 덧붙여진 어떤 것뿐이다(『안티크리스트』, 42절*).

이것은 부정확하지 않다. 앞서 살펴본 대로 진리의 모든 진정한 이론가들과 마찬가지로 바울은 '역사적 진리'가 있을 수 있다고 생각하지 않았다. 좀더 정확히 하자면 그는 진리는 역사, 증언하기 또는 기억의 문제라고 믿지 않았다. 니체 역시 마찬가지였다. 왜냐하면 그의 계보학적 학설은 전혀 역사적

---

* 백승영 옮김, 책세상, 2002년. 이하 『안티크리스트』의 인용문은 이 번역본을 기준으로 했으며, 필요할 경우 번역을 수정했다.

인 것이 아니기 때문이다. 또 바울이 보기에 그리스도의 실존은 부활의 모티프가 없었다면 그리스도가 제아무리 재능이 많았더라도 당시 다른 어떤 동방의 신비주의자의 존재에 비해서도 더 중요하지 않았을 것이다.

그러나 니체는 충분히 명확하지는 않다. 바울에게 필요한 것은 그리스도의 죽음과 '그리고 거기에 덧붙여진 어떤 것'뿐이라고 쓸 때 니체는 이 '어떤 것'이 죽음에 '덧붙여진$^{en\ plus}$' 것이 아님을, 이 어떤 것이 바울의 사유가 골몰하고 있는 독특한 실재의 지점이라는 것을 강조했어야 했다. 따라서 바울이 '그[그리스도]의 실존 전체의 중심^{重心}을 그러한 실존 저 너머로 옮겨놓았다'면 그것은 죽음이나 증오에 의한 것이 아니라 너머-존재의 원리$^{principe\ de\ sur\text{-}existence}$ — 이 원리에 기반해 삶, 긍정적 삶이 회복되고 재정초된다 — 에 의한 것이다.

니체 본인도 인간의 삶의 '중심^{重心}'을 당대의 허무주의적 퇴폐 너머로 '옮기려고' 하지 않았던가? 그리고 그러한 작업을 위해서는 바울이 고안한, 밀접하게 연관된 세 가지 테마 — 즉 자신이 스스로를 정당화하는 주체의 선언(차라투스트라라는 인물), 역사를 두 동강 내는 것('위대한 정치'), 죄의식을 갖는 노예 상태의 종식과 생의 긍정으로서의 새로운 인간(위버멘쉬^{Übermensch}) — 가 필요하지 않았던가? 니체가 바울에게 그토록 난폭했던 것은 바울이 단지 그의 적이라기보다는 경쟁자였기 때문이다. 그리하여 그는 바울이 예수를 '왜곡'한 것만큼 — 그보다 더했다고는 할 수 없을지 몰라도 — 바울을 '왜곡'한다.

바울이 "삶의 중심을 삶이 아니라 내세[저 너머], 즉 **무**에 두었다"고 말하는 것, 그리고 그렇게 함으로써 그가 "삶의 중심에서 삶 그 자체를 박탈해버렸다"(『안티크리스트』, 43절)고 말하는 것은 이 사도의 가르침과는 정반대되는 것을 주장하는 것이다. 바울에게 있어 삶이 죽음에 보복하는 것은 바로 지금 여기에서이며, 우리는 지금 여기에서 죽음의 사유인 육체를 따라 부정적으로 살지 않고 영^靈에 따라 긍정적으로 살 수 있다. 이전에 율법 속에 자리 잡고 있을 때는 부활이 죽음에 대한 삶의 복속을 조직했던 데 반해 바울에게서 부활이란 그것에 기반해 **생의 중심이 생에 자리 잡게 해주는 것이기 때문이다.**

실제로 문제의 핵심은 보편주의에 대해 니체가 진짜 증오감을 품고 있었던 것이다. 물론 항상 그러했던 것은 아니다. 이 미친 성인은 그 자신이 살아 있는 격렬한 모순으로, 자기가 두 동강 나버리기 때문이다. 그러나 바울과 관련해서는 항상 그러했다.

> 모두가 동등한 권리를 갖고 있다는 교의의 독, 이것을 가장 체계적으로 퍼트린 것이 바로 그리스도교다(『안티크리스트』, 43절).

신이 문제가 될 때 니체는 가장 완고한 배타주의와 가장 광포한 인종적 공동체주의를 설파한다.

이전에 그│신│는 한 민족과, 그 민족의 힘과, 그 민족의 영혼 안에서 공격적이고 권력을 열망하는 모든 것을 드러냈다. [……] 만일 신들이 권력에의 의지라면 [……] 그들은 민족의 신들일 것이다(『안티크리스트』, 15/16절).

이런 점에서 (라쿠-라바르트^{Lacoue-Labarthe}가 말하는 의미에서) 독일의 '신화론자'로 머물러 있는 니체가 바울을 용서할 수 없었던 것은 바울이 그토록 무를 염원해서가 아니라 우리에게서 그처럼 음산한 '민족의 신들'을 빼앗아가 버리고, 니체 자신이 — 혐오감과 더불어 — 감탄스러울 정도로 정확하게 표현했듯이, 보편자이며 '특권을 부여받은 모든 것들에 대한 반란자'(『안티크리스트』, 46절)인 주체에 대한 이론을 정식화했기 때문이다.

게다가 니체는 바울에 반대해 '역사적 진리'를 내세우면서도 이 사도의 설교를 복음 이야기들이 정경^{正經}으로 형성되는 과정에 비추어 적절히 위치시키고 있는 것 같지 않다. 니체는 그러한 이야기들 — 니체는 거기서 '구원자의 심리'(데카당스의 붓다, 고요하고 공허한 삶의 추종자, '최후의 인간')를 읽어낼 수 있다고 주장한다 — 이 이러한 '붓다적' 가르침에 비해 잉여적인 유일한 지점, 즉 **부활**을 바울이 치열하게 포착한 이후에 씌어지고 조직되었다는 점은 거의 고려하고 있지 않다.

교훈적인 우화들이 핵심을 이루고 있는 공관 복음서 그리고 처음부터 두 동강 난 하나의 영혼의 역사에 대한 혁명적인 통고로 팽팽히 긴장되어 있는 바울의 서한들 사이의 시간적 관계를 염두에 두는 것보다 더 필수적인 것은 없다. 복음서들은 문자 그대로 [바울보다] 20년 후의 것이다. 바울이 의지하고 있는 전거는 전혀 다른 것이다. 사건은 가르침이 아니다. 그리스도는 지배자[스승]가 아니며, 제자들은 언급할 필요조차 없다. 예수는 분명히 '주'(퀴리오스κύριος)이고, 바울은 그의 '종'(둘로스δοῦλος)이다. 그러나 그리스도라는 사건은 도래할 시간에 대한 새로운 주체적 길의 권위를 확립한다. 따라서 우리가 진리 과정에 봉사해야 한다는 것을 노예 상태와 혼동해서는 안 되는데, 우리는 우리 모두가 우리에게 도래할 것의 아들이 되는 한에서 바로 그러한 상태로부터 영원히 벗어나게 된다. 주인과 종의 관계는 노예와 소유주 관계뿐만 아니라 스승과 제자 관계와도 절대적으로 구분된다. 그것은 개인적이거나 법적인 의존 관계가 아니라 우리가 '새로운 피조물'이 되어야 할 순간에서의 운명 공동체인 것이다. 이것이 바로 우리가 그리스도로부터 살아 있는 개인의 특수성과는 무관한, 이러한 운명을 명령하는 것만을 받아들여야 하는 이유이다. 예수는 부활했다. 이것 이외에는 어떤 것도 중요하지 않다. 그리하여 예수는 익명적 변수, 술어적 특징이 없는, 자신의 부활에 전적으로 흡수된 '어떤 사람'이 된다.

순수한 사건은 예수가 십자가에서 죽고 부활했다는 것으로 환원될 수 있다. 이 사건은 '은총(카리스χάρις)'이다. 따라서 그것은 하나의 유산도, 전통도, 가르침도 아니다. 사건은 이 모든 것들을 넘어서는 잉여물이며, 순수한 증여로서 제시된다.

그리하여 이제부터 우리는 실재의 시련을 견뎌내는 주체로서 사건의 은총에 의해 구성된다. 핵심적인 공식 — 동시에 이것은 하나의 보편적 말 건넴임을 지적할 필요가 있을 것이다 — 은 이렇다. "οὐ γάρ ἐστε ὑπὸ νόμον ἀλλὰ ὑπὸ χάρις" 즉 "여러분은 율법하에 있지 않고 은총 아래 있으므로"(「로마서」, 6장 14절). '……이 아니라 ……임'에 따른 주체의 구조화와 관련해 우리는 그것이 하나의 상태가 아니라 도정이라는 것을 이해해야 한다. 왜냐하면 '율법하에 있지 않음'은 육체의 길을 주체의 운명의 중단으로 부정적으로 가리키는 데 반해 '은총 아래 있음'은 사건에 대한 충실성으로서의 영의 길을 가리키고 있기 때문이다. 새로운 시대의 주체는 일종의 '……이 아니라 ……임'이다. 사건은 문제를 야기하는 '……이 아니라'에 의한 육체의 길에 대한 중단인 동시에 예외의 '……임'에 의한 영의 길에 대한 단언이다. 주체에게 있어 율법과 은총은 하나의 구성적 짜임 — 이것이 주체를 [사건의 돌발 이전의] 있는 그대로의 상황 그리고 앞으로 그렇게 되어야 할 것으로서의 사건의 결과들에 관련시켜준다 — 의 이름이다.

요컨대 우리는 사건을 통한 단절이 주체를 항상 '……이 아니라 ……임'의 분열된 형태로 구성하며, **바로 그러한 형식이 보편성을 담보한다**고 주장할 것이다. 왜냐하면 '……이 아니라'는 폐쇄적 특수성들('율법'이 그것의 이름이다)에 대한 잠재적인 해체인 반면 '……임'은 사건('은총'이 그것의 이름이다)에 의해 열린 이 과정의 주체들이 동역자로서 임해야 하는 과업과 충실한 수고를 가리키기 때문이다. 보편성은 합의된 적법성이자 세계의 특수한 상태로서의 육체 쪽에도 또 은총과 진리의 내밀한 거주인 순수한 영 쪽에도 있지 않다. 의례와 율법을 중심으로 한 유대 담론은 사건의 넘침에 의해 침식당하며 동시에 내적 계시 그리고 말로 표현할 수 없는 것이라는 오만한 담론도 폐지된다. 두번째와 네번째 담론은 폐지되어야 하는데, 그것들이 주체를 **통일시키기** 때문이다. 단지 세번째 담론만이 보편성의 보증으로서의 주체의 분열을 유지하고 있다. 사건이 그것을 선언하는 주체의 구성에 가담할 수 있는 것은 다름 아니라 그것을 통해, 그리고 구체적인 사람의 특수성과는 전혀 무관하게 그러한 사건이 이 두 갈래의 길을 부단히 분리하고, 또한 보다 쉽게 은총 아래 놓일 수 있도록 끊임없는 과정을 통해 율법을 배제하는 '……이 아니라 ……임'을 배분하기 때문이다.

6

|

죽음과 부활의 반변증법

 우리는 사건이란 예수, 즉 그리스도가 십자가에서 죽고 부활한 것이라고 말했다. 여기에서 죽음의 기능은 무엇인가? 요컨대 바울의 사유는 니체의 생각대로 죽음을 향한 패러다임, 즉 삶에 대한 증오를 사건화한 것일까?

 또는 바울의 사건관은 변증법적인 것인가? 긍정의 길은 항상 부정의 노동의 길이며, 그리하여 "영의 삶은 죽음에 맞서고 죽음 안에서 유지되는 삶"인가? 우리는 모두 헤겔적인 체계가 그리스도교에 얼마나 많은 것을 빚지고 있는지, 그리고 변증법 철학이 어떻게 절대자의 갈보리 언덕이라는 주제를 내부로 통합시키고 있는지를 잘 알고 있다. 여기에서 부활이란 부정의 부정일 뿐이며, 죽음은 무한자의 자기-외화의 결정적인 시점이며, 고통[고난]과 순교는 내재적인 구원의 기능을 지니고 있는데, 그것은 — 반드시 이 점을 지적하고 넘어갈 필요가 있다 — 수세기 동안 사방에 편재해온 그리스도교의 이미지들에 상응하는 것이기도 했다.

부활이라는 주제가 변증법적인 체계 구성 속에 포획되었다면 잉여적 증여이자 측정할 수 없는 은총으로서의 사건은 자기-정립적이며 필연적으로 전개되는 이성의 규약 속으로 용해되었음을 인정해야 한다. 독일 낭만주의의 이성적 날 끝인 헤겔 철학이 그리스도라는 사건의 포획을 초래한 것은 분명 사실이다. 헤겔에게서 은총은 절대자의 자기-전개의 한 계기가 되고, 죽음과 고통[고난]이라는 소재는 정신성이 유한성 속에 자기-외화하면서 자기의식의 체험적 강렬함을 통해 자기 자신으로 회귀하기 위해 당연히 치러야 하는 것이다.

나는 바울의 입장은 반변증적이며, 죽음은 어떤 식이든 부정성의 내재적 힘의 불가피한 행사가 결코 아니라고 주장할 것이다. 따라서 은총은 절대자의 '계기'가 아니다. 그것은 예비적인 부정이 없는 긍정이다. 그것은 율법이 중단되면서 우리에게 도래하는 것이다. 은총은 순수하고 단순한 **만남**이다.

그리스도라는 사건에 대한 이러한 탈-변증법화를 통해 은총에 대한 완전히 세속화된 형식적 관념을 신화적 핵심으로부터 끌어낼 수 있을 것이다. 관건은 하나의 일상적인 실존이 시간의 잔혹한 일상과 단절하면서 진리에 봉사할 수 있는 구체적인 기회를 만날 수 있는가, 그리고 그렇게 됨으로써 주체의 분열을 통해 그리고 인간의 동물적인[절대적인] 생존 명령을 넘어 불사의 존재가 될 수 있는가 하는 것이다.

바울이 사건의 은총과 참됨의 보편성 사이의 관계를 포착하는 데 도움이 된다면 그것은 은총과 만남이라는 어휘를 종교 안에 갇혀 있는 상태에서 떼어낼 수 있도록 해주기 때문이다. 유물론은 주관적인 것은 객관적인 것에 의해 결정된다는 논리 이상도 이하도 아니기 때문에 철학과는 거리가 먼 것이 되었다. 또는 이렇게 상정해보기로 하자. 즉 모든 존재는 어느 날 각자에게 도래한 것에 의해 전율하고, 이때부터 모두에게 타당한 것 또는 바울이 멋지게 표현한 대로 하자면 "모든 종류의 사람에게 모든 것이 다 되기 τοῖς πᾶσιν γέγονα πάντα"(「고린도전서」, 9장 22절)에 전념할 수 있다는 강력하고도 단순한 생각을 통해 은총의 유물론을 정초할 책임이 우리에게 있다고 말이다.

그렇다. 우리는 전지전능한 자를 상정할 필요가 없는 어떤 은총들의 도움을 받을 수 있다.

분명히 초월적인 장치들을 지지하고 찬양하는 바울 본인에게도 사건은 죽음이 아니라 부활이다.

이처럼 미묘한 점과 관련해 몇 가지 지표를 제시해보기로 하자.

고통[고난]은 바울의 변증론[호교론]에서, 심지어 그리스도의 죽음에서조차 아무런 역할도 하지 않는다. 사건이라는 보물이 질그릇 안에 담겨 있어야 하는 한에서 — 우리는 앞에서 왜 그래야 하는지를 살펴본 바 있다 — 그러한 죽음의 연약하고 비참한 성격은 분명히 그에게는 중요하다. 하지만 바울에게 있어 기존의 담론들에 반해 진리의 힘은 약하고 어리석은 것에 내재해 있다는 사실이 곧 고통[고난]은 내재적으로 구원의 기능을 갖고 있다는 것을 함축하고 있지는 않다. 고통[고난]의 나눔은 피할 수 없는 것이며, 그것이 세상의 법칙이다. 그러나 사건 그리고 그러한 사건을 따르기로 결정한 주체가 단언하는 희망은 그러한 고통[고난]의 유일한 실재로서 위안을 바로 지금 여기에서 나누어준다.

> 우리가 여러분에게 거는 희망은 든든합니다. 여러분이 고난에 동참하는 것과 같이, 위로에도 동참하고 있음을 우리는 알고 있습니다(「고린도후서」, 1장 7절).

실제로 '보이지 않는 것들'에 대한 사유와 연관된 영광은 일상의 세계가 가하는 불가피한 고통[고난]과 동일한 기준으로 측정할 수 있는 것이 아니다.

> 지금 우리가 겪는 일시적인 가벼운 고난은, 비교할 수 없을 정도로 영원하고 크나큰 영광을 우리에게 이루어줍니다(「고린도후서」, 4장 17절).

바울이 본인의 고통[고난]에 대해 말할 때 그것은 철저히 투사적인 논리를 따르고 있다. 분열적 집단들, 또는 적의 유혹을 받은 집단들을 설득하려면 바울은 본인의 주장대로 기꺼이 위험을 감수하는 냉정한 행동가라는 것을 보여주어야 했다. 특히 고린도인들에게 보낸 두번째 편지가 그러한데, 이 편지에서 정치적 염려가 얼마나 크게 나타나고 있는지는 누가 봐도 쉽게 알 수 있을 정도이다. 이 서한에서 바울은 회유와 위협을 번갈아 시도한다("내가 가서 여러분을 대할 때에 강경하게 대해야 할 일이 없게 해달라는 것입니다"[「고린도후서」, 10장 2절]). 그리고 바로 이어 호승심을 섞어 간절히 호소하는 방식의 전술의 일환으로, 유랑하는 지도자의 비참함에 대한 강렬한 묘사가 이어진다.

> 나는 [⋯⋯] 여러 번 죽을 뻔하였습니다. 유대 사람들에게서 마흔에서 하나를 뺀 매를 맞은 것이 다섯 번이요, 채찍으로 맞은 것이 한 번이요, 파선을 당해 밤낮 꼬박 하루를 망망한 바다를 떠다닌 것이 세 번이었습니다. 자주 여행하는 동안에는, 강물의 위험과 강도의 위험과 [⋯⋯] 도시의 위험과 광야의 위험과 바다의 위험과 거짓 형제의 위험을 당하였습니다. 수고와 고역에 시달리고, 여러 번 밤을 지새우고, 주리고 목마르고 여러 번 굶고 추위에 떨고 헐벗었습니다(「고린도후서」, 11장 23~27절).

그러나 전체적으로 "자기를 척도로 하여 자기를 재고, 자기를 기준으로 하여 자기를 견주는 어리석기 짝이 없는"(「고린도후서」, 10장 12절) 사람들을 침묵시키기 위한 이 전기적 부분의 결론은 이 사도의 고난에 어떠한 구원의 의미도 부여하고 있지 않다. 여전히 항상 핵심이 되는 것은 질그릇, 약함의 사건 이후적인 담지, 영광에 대한 현세적인 기준의 파괴이다. "꼭 자랑을 해야 한다고 하면, 나는 내 약점들을 자랑하겠습니다"(「고린도후서」, 11장 30절).

그러면 이제 우리의 공식을 제안해보기로 하자. 분명히 바울에게 십자가는 있지만 십자가가 걷는 길은 없다. 골고다의 십자가는 있지만 골고다의 언덕으로의 오름은 없다. 힘차고도 절박한 바울의 선교는 고통[고난]의 미덕을 찬양하는 어떠한 피학적 선전도, 가시관, 채찍질, 흐르는 피, 쓸개즙을 적신 해면이 대변하는 어떤 비애도 담고 있지 않다.

자, 이제 십자가로 가보기로 하자.

바울에게 죽음은 구원의 작용일 수 없다. 왜냐하면 그것은 육체와 율법 쪽에 있는 것이기 때문이다. 앞서 살펴본 대로 그것은 육체라는 주체적 길에 의한 실재의 형상화이다. 그것은 어떤 신성한 기능도, 어떤 정신적인 영역도 갖고 있지 않으며 가질 수도 없다.

그것의 기능을 이해하기 위해선 영혼과 몸, 영혼의 존속이나 불멸과 같은 플라톤적인 장치를 다시 한번 잊어야 한다. 바울의 사유는 그러한 매개 변수들을 모른다. 삶과 마찬가지로 바울이 우리에게 말하는 죽음, 즉 그리스도의 죽음이나 우리의 죽음은 생물학적인 것과는 아무런 관련도 없다. 삶과 죽음은 사유들, '몸'과 '영혼'이 구별되지 않는 총괄적 주체가 얽혀 있는 차원들이다(바울에게서 부활이 필연적으로 몸의 부활,

즉 분열된 주체가 **전체로** 부활하는 것임은 바로 이 때문이다). 사유, 주체의 길, 세계 내에서의 존재의 방식으로 포착되는 죽음은 항상 그렇듯이 여기에서도 역시 육체에 대해 '……이 아님'이라고 말해야 하고 영의 불안정한 '……임'이라는 되기 속에서 지탱되어야 하는 분열된 주체의 부분이다.

육체의(=에 따르는) 사유인 죽음은 그리스도라는 사건을 구성할 수 없다. 게다가 죽음은 일종의 아담적인 현상이다. 그것은 본질적으로 최초의 인간인 아담에 의해 **발명된** 것이다. 바로 이 지점에 대해 「고린도전서」, 15장 21~22절은 명확하게 이렇게 말하고 있다.

> 한 사람으로 말미암아 죽음이 들어왔으니, 또한 한 사람으로 말미암아 죽은 사람의 부활도 옵니다. 아담 안에서 모든 사람이 죽는 것과 같이, 그리스도 안에서 모든 사람이 살아나게 될 것입니다.

최초의 인간이 반항적 자유를 선택한 것만큼이나 죽음은 오랜 것이다. 그리스도 안에서 사건을 만드는 것은 오로지 부활, 즉 사자(死者)를 **일으켜 세움**, — 삶의 일어섬이기도 한 — 사자의 일어섬으로 번역되어야 할 아나스타시스 네크론 $\dot{\alpha}\nu\dot{\alpha}\sigma\tau\alpha\sigma\iota\varsigma\ \nu\epsilon\kappa\rho\tilde{\omega}\nu$이다.

그렇다면 왜 그리스도는 죽어야 하며, 바울은 어떤 목적을 위해 십자가의 상징을 발전시키는가?

우리는 위의 글에서 어떤 의미에서는 단지 한 사람의 부활만이 한 사람에 의한 죽음의 발명과 일치하거나 동일 수준에 위치할 수 있다는 것에 유의해야 한다. 그리스도는 삶을 발명한다. 하지만 그렇게 할 수 있는 것은 그가 죽음의 발명자와 마찬가지로 한 사람, 한 사유, 한 실존인 한에서뿐이다. 인류의 운명이라는 차원에서 보자면 첫째 아담과 둘째 아담인 아담과 예수는 궁극적으로는 모든 개별적인 주체를 원천적인 분열로 구성시키는 주체적 짜임을 구현하고 있다. 그리스도는 단지 한 인간이 죽음을 발명했듯이 삶도 발명할 수 있음을 입증하기 위해 죽는다. 다시 말해 죽음의 인간적 발명에 의해 본인 또한 포획된 그리스도는 자신이 삶을 발명하는 곳도 바로 그러한 지점(인류가 할 수 있는 것을 가리킨다) 자체로부터임을 드러내기 위해 죽는 것이다.

결국 죽음이 요청되는 것은 그리스도와 함께하는 신적 개입이 원리 자체에서부터 인간의 유적類的 성격과, 따라서 그를 지배하고 있는 사유 — 사유는 주체로서는 '육체'로, 객체로서는 '죽음'으로 불리고 있다 — 와 정확히 동등해져야 하는 한에서뿐이다. 그리스도의 죽음으로 인해 우리 인간들도 신으로부터 분리되기를 멈춘다. 왜냐하면 아들을 보내어 그 자신이 아들이 됨으로써 신은 우리의 사유적 구성물의 가장 깊숙한 내부로 들어오기 때문이다.

바로 그것이 그리스도의 죽음의 유일한 필요성이다. 죽음은 신 자체와 동등해지기 위한 수단인 것이다. 이러한 육체의 사유 — 그것의 실재가 죽음이다 — 를 통해 우리가 신 자체와 동일한 요소 속에 있다는 사실이 은총 속에서 주어진다. 여기서 죽음이 초월성에 대한 포기에 이름을 부여한다. 그리스도의 죽음은 **영을 내재화하는 장치**라고 말할 수 있을 것이다.

바울은 아버지의 근본적인 초월성을 고수하게 되면 사건도, 율법적인 질서와의 단절도 불가능하다는 것을 완벽하게 알고 있었다. 왜냐하면 **율법**의 치명적 부동성, 이 "돌판 위에 문자로 새긴 [율법의] 죽음에 이르게 하는 직분"(「고린도후서」, 3장 7절)만이 우리를 신과 갈라놓는 심연의 자리를 차지할 수 있을 뿐이기 때문이다.

「로마서」, 6장 4~9절에서 바울은 사건으로서의 실재라는 교의는 내재성의 조건들을 갖고 있으며, 신이 죽음과 관계하는 한에서만 우리가 죽음과 관계할 수 있다는 것을 밝히고 있다. 이를 통해 죽음의 작용은 우리의 신적인 동등성의 구체적인 거점을 **인류 자체 안에서** 구성하게 된다.

> 우리는 세례를 통하여 그의 죽으심과 연합함으로써 그와 함께 묻혔던 것입니다. 그것은 그리스도께서 아버지의 영광으로 말미암아 죽은 사람들 가운데서 살아나신 것과 같이, 우리 또한 새 생명 안에서 살아가기 위함입니다. 우리가 그의 죽으심과 같은 죽음을 죽어서 그와 연합하는 사람이 되었으면, 우리는 부활에 있어서도 또한 그와 연합하는 사람이 될 것입니다. 우리의 옛사람이 그리스도와 함께 십자가에 달려 죽은 것은, 죄의 몸을 멸하여서, 우리가 다시는 죄의 노

예가 되지 않게 하려는 것임을 우리는 압니다. 죽은 사람은 이미 죄의 세력에서 해방되었습니다. 우리가 그리스도와 함께 죽었으면, 그와 함께 우리도 또한 살아날 것임을 믿습니다. 우리가 알기로, 그리스도께서는 죽은 사람들 가운데서 살아나셔서, 다시는 죽지 않으시며, 다시는 죽음이 그를 지배하지 못합니다.

텍스트는 명백하다. 죽음 그 자체는 구원의 작용과는 아무런 상관이 없다. 죽음은 내재성의 조건으로 작용한다. 그리스도가 우리와 일치하는 한에서 우리는 그와 일치해야 한다. 십자가(우리가 그리스도와 함께 십자가에 못 박힘)는 그러한 동일성의 상징이다. 그러한 일치가 가능한 것은 죽음이 생물학적인 사태가 아니라 육체의 사유이기 때문이다. 그러한 사유들에 대한 — 뒤에서 다시 검토하겠지만 이 사유에 대한 극히 복합적인 — 이름 중의 하나가 바로 '죄'이다. 바울은 이러한 내재화를 '화해(카탈라게 $\kappa\alpha\tau\alpha\lambda\lambda\alpha\gamma\eta$)'라고 부른다.

우리가 하나님의 원수일 때에도 하나님의 아들의 죽으심으로 말미암아 하나님과 화해하게 되었다면, 화해한 우리가 하나님의 생명으로 구원을 얻으리라는 것은 더욱더 확실한 일입니다(「로마서」, 5장 10절).

핵심은 죽음의 작용인 카탈라게, 즉 화해와 부활의 사건적 작용인 소테리아 $\sigma\omega\tau\eta\rho\iota\alpha$, 즉 구원을 혼동하지 않는 것이다.

전자는 후자의 조건들을 내재화한다. 그렇지만 화해가 구원을 필연적이게 하는 것은 아니다. 그리스도의 죽음으로 신은 자신의 초월적인 분리를 포기하고, 아들이 됨으로써 자신을 봉합하며 분열된 인간 주체의 구성적 차원에 함께한다. 이를 통해 신은 사건이 아니라 내가 사건의 거점이라고 부르는 것을 창조한다. 사건의 거점이란 어떤 상황에 내재적이며 그러한 사건 자체의 구성에 개입하며, 그러한 사건을 다른 상황이 아니라 바로 **이** 유일한 상황에만 관련되도록 하는 소여를 가리킨다. 사람들에게, 그들의 주체적 상황 안에서 부활(부활은 전혀 죽음으로부터 추론되지 않는다)을 운명**짓는다**는 점에서 죽음은 사건의 거점을 구성한다. 화해는 거점으로부터 주어지는 것으로서, 그리스도의 부활이 **인간에 의한** 새로운 삶의 발명이라는 것을 잠재적으로, 그리고 그 자체로서는 비활동적으로 가리킨다. 사건으로부터는 오직 부활만이 주어지는데, 이 사건은 거점을 활성화하며 그러한 사건의 작용이 바로 구원이다.

요컨대 죽음과 삶의 관계이기도 한 카탈라게와 소테리아의 관계를 이해한다는 것은 바울에게는 그리스도의 죽음과 부활 사이에 절대적인 분리가 있다는 것을 이해하는 것이다. 그것은 부활이 사건 그 자체인 반면 죽음은 상황 속에서의 작용, 사건의 거점을 내재화하는 작용이기 때문이다. 이로부터 바울의 논거는 모든 변증법과 무관하다는 결론을 내릴 수 있다. 부활은 죽음에 대한 대체도 극복도 아니다. 이 둘은 확연히 다른 기능이고, 그것들의 접합은 어떤 필연성도 내포하고 있지 않다. 왜냐하면 어떤 사건적 거점이 존재한다는 것으로부터 사건의 돌발이 연역되는 것은 아니기 때문이다. 그러한 돌발적 출현은 내재성의 조건들을 요구하기는 하지만 그럼에도 은총의 질서에 속하는 것이다.

이것이 바로 니체가 바울을 사제의 원형으로, 삶에 대한 증오에 복속된 힘으로 간주할 때 완전히 헷갈리고 마는 이유이다. 누구나 아래와 같은 니체의 독설을 알고 있을 것이다.

> 그때 바울이 등장한 것이다. 바울, 로마와 '세상'에 대한 찬달라적 증오의 육화이자 찬달라적 증오의 천재인 바울, 유대인이며 영원한 유대인의 전형인 바울. [……] 이때가 그가 다마스쿠스로 가던 때였다. 그는 '세상'의 가치를 빼앗아버리기 위해서는 불멸에 대한 믿음이 필요했다는 사실을 파악해냈다. 그는 '지옥' 개념이라면 로마를 지배할 수 있으리라는 사실을 — '피안'이 삶을 죽여버린다는 사실을 파악해냈다……. 허무주의자와 그리스도인. 운(韻)이 맞는다. 비단 운만 맞는 것이 아니다(『안티크리스트』, 58절).

이 텍스트 중 맞는 것은 하나도 없다. 이미 앞에서 말해온 것을 통해 우리는 '불멸에 대한 믿음'은 바울의 관심사가 아니라는 것을 충분히 이해할 수 있을 것이다. 오히려 그는 부정에 대한 긍정의 승리를 위해, 죽음에 대한 삶의 승리를 위해 옛사람에 대한 새로운 인간(위버멘쉬?)의 승리를 염원한다.

로마 시민권자임을 특히 자랑스러워하는 사람에 대해 로마에 대한 증오 운운하는 것은 니체의 창작이다. 바울이 예수와 함께 십자가에 못 박혔다고 선언하는 '세상'은 그리스적인 코스모스, 즉 [추상적] 자리들을 할당하고 그러한 자리들에 대한 사유의 승인을 명하는 그럴싸한 총체성이라는 것을 우리는 안다. 따라서 핵심은 무한하고 총체화될 수 없는 사건의 사활적 권리를 열어주는 것이라는 사실도 말이다. 또 바울의 설교 속에는 지옥에 대한 어떠한 언급도 없으며, 결코 공포에 호소하지 않고 항상 용기에 호소하는 것이 바울의 스타일의 특징이라는 것을 말이다. 마지막으로 또 '삶을 죽여버리는 것'은 일종의 야성적 기쁨과 함께 "죽음아, 너의 승리가 어디에 있느냐?"(「고린도전서」, 15장 55절)라고 묻는 자의 의도가 결코 아니라는 것을 우리는 안다. 오히려 '죽음을 죽여버리는 것'이라는 공식이 바울의 기획을 보다 더 잘 요약해줄 것이다.

디오니소스적 긍정을 요구하고, 바울과 마찬가지로 세계의 역사를 두 동강 내어 허무주의의 '아니오'를 삶의 '예'로 바꾸려 했던 사람이라면 아래 구절을 인용하는 편이 훨씬 더 좋았을 것이다.

> 나와 실루아노의 디모데가 여러분에게 선포한 하나님의 아들 예수 그리스도께서는, '예'도 되셨다가 동시에 '아니오'도 되신 분이 아니었습니다. 그리스도 안에는 '예'만 있을 뿐입니다(「고린도후서」, 1장 19절).

죽음에 대한 숭배가 아니라 보편적 '예'의 정초, 바로 이것이 바울이다.

마찬가지로 선과 악을 넘어서, 의례와 사제들을 넘어서 새로운 인간, 인류가 이룰 수 있는 위버멘쉬의 도래를 염원한 사람으로서 바로 자기를 위해, 바울을, 아주 니체적인 어조로 "할례를 받거나 안 받는 것이 중요한 것이 아니라 새롭게 창조되는 것이 중요합니다"(「갈라디아서」, 6장 15절)라고 선언하는 바울을 불러올 수도 있었을 것이다.

니체는 바울의 적이라기보다는 경쟁자이다. 두 사람 모두 인류 역사의 또 다른 새로운 시대를 열려는 동일한 염원, 인간은 극복될 수 있고 또 극복되어야 한다는 동일한 확신, 죄의식 및 율법과의 관계를 끊어야 한다는 동일한 확실성을 공유하고 있다. "유죄를 선고하는 직분에도 영광이 있었으면, 의를 베푸는 직분은 더욱더 영광이 넘치지 않겠습니까?"(「고린도후서」, 3장 9절)라고 선언하는 바울은 니체의 형제가 아닌가? 또 둘은 때때로 난폭하긴 하지만 격렬함과 성스러운 부드러움을 결합하는 방식을 공유하고 있다. 과민한 성격도 마찬가지이다. 또 개인적으로 선택받았다는 확신도 동일하게 공유하고 있다. 자기가 "[하나님의] 복음을 전하기 위해 따로 세우심을 받았다"(「로마서」, 1장 1절)고 인지한 바울에게 자기가 '하나의 운명'인 이유를 제시하는 니체가 응답하고 있다. 마지막으로 둘은 동일한 말 건넴의 보편성, 동일한 전 세계적 행보를 공유하고 있다. 위대한(니체가 말하길 그것도 '아주 위대한') 정치를 정초하기 위해 니체는 모든 민족의 원천을 살피고 자신을 폴란드인이라고 선언하기도 하며, 유대인들과 동맹하기를 바라기도 하고, 비스마르크에게 글을 보내는 등등의 일을 한다. 바울은 어떤 지역적인 집단이나 지방적인 종파의 포로가 되지 않기 위해 로마 제국 전역을 여행하려는 이상을 품고, 그를 고착시키려는 사람들에게 맞선다.

> 나는 그리스 사람에게나 미개한 사람에게나, 지혜가 있는 사람에게나 어리석은 사람에게나, 다 빚을 진 사람입니다(「로마서」, 1장 14절).

이것은 두 사람이 반철학을 형이상학자와 현자의 변덕과 왜소함에 대한 '비판'과 — 아무리 근본적인 것일지라도 마찬가지이다 — 더이상 관계하지 않는 지점까지 끌고 나갔기 때문이다. 여기서의 관건은 그것보다 훨씬 더 심각한 것이다. 즉 죽음과 부정성의 지배에 맞서 삶에 대한 절대적인 긍정을 사건적으로 도래시키는 것이 그것이다. 바울이나 차라투스트라처럼, 약해지지 않고 "죽음을 삼키고서 승리를 얻는"(「고린도전서」, 15장 54절) 순간을 예견하는 자가 되는 것 말이다.

이런 관점에서 보자면 니체와 근접함에도 불구하고 분명히 바울은 종종 그렇게 간주되는 것과는 반대로 변증법 사상가가 아니다. 죽음을 간직하면서 부정하는 것이 문제가 아니라 그것을 삼켜버리고 폐지시키는 것이 문제이다. 바울은 또한 초기 하이데거처럼 죽음을 향한 존재와 유한성의 지지자가 아니다. 분열된 주체 안에서 죽음을 향한 존재의 부분은 여전히 '……이 아니라'고 말하는 것, 은총과 사건과 삶의 예외적인 '……임'에 사로잡히길 원치 않는 것이다.

결국 바울에게 그리스도라는 사건은 부활일 뿐이다. 이 사건은 부정성을 근절시키고, 이미 앞서 말한 대로 설사 거점을 마련하기 위해 죽음이 요구되더라도 죽음 자체로는 환원될 수 없는 긍정적 작용으로 남는다.

그리스도는 '에크 네크론ἐκ νεκρῶν', 즉 죽은 자들로부터 끌어내어졌다. 죽음이라는 거점 밖으로의 그러한 빼냄은 죽음이 힘을 잃어버리는 지점을 확정한다. 그것은 빼냄과 제거이지 부정이 아니다.

> 우리가 그리스도와 함께 죽었으면, 그와 함께 우리도 또한 살아날 것임을 믿습니다. 우리가 알기로, 그리스도께서는 죽은 사람들 가운데서 살아나셔서, 다시는 죽지 않으시며, 다시는 죽음이 그를 지배하지 못합니다(「로마서」, 6장 8~9절).

아들의 인간적 거점인 죽음은 부활이라는 사건을 통한 시험에 직면하면 완전히 무력하다. 부활은 죽음의 힘[권능] **밖으로** 갑자기 돌발하는 것이지 죽음에 대한 부정을 통해 이루어지는 것이 아니다.

이렇게도 말할 수 있을 것이다. 그리스도라는 사건은, 즉 죽음의 힘[권능]을 넘어선 그처럼 특수한 아들이 있었다는 사실은 죽음을 하나의 길로, 주체의 한 차원으로 소급적으로 식별하는 것이지 사물들의 상태로 식별하는 것이 아니라고 말이다. 죽음으로부터 빼내는 것으로 삶의 선택을 제안받을 수 있다는 사실을 통해 잘 알 수 있듯이 죽음은 운명이 아니라 선택이다. 따라서 엄밀하게 말해 죽음을 향한 존재 같은 것은 없다. 오로지 모든 주체의 분열적 구성 안으로 진입하는 죽음의 길만이 있을 뿐이다.

만약 부활이 죽음의 길로부터의 긍정적인 빼냄이라면 철저하게 개별적인 이러한 사건이 어떻게 바울이 보기에는 하나의 보편주의를 위한 토대를 마련해주는가를 이해하는 것이 문제가 된다. 무엇이 이러한 부활을 통해, 이 '죽은 자들 밖으로' 나옴을 통해 차이들을 걷어낼 능력을 소유하고 있는가? 왜 한 사람이 부활했다는 이유로 그리스 사람도 유대 사람도 없고, 남자와 여자도 없으며, 노예와 자유인도 없다는 결과가 도출되는가?

부활한 자는 우리를 자녀가 되도록 만드는 자이며, 아들의 총칭적 차원에 포함된다. 바울에게 그리스도는 신과 동일하지 않으며, 그의 설교는 삼위일체 신학이나 실체론적 신학에 의해 지탱되고 있지 않다는 점을 기억하는 것이 중요하다. 온전히 순수한 사건에 충실한 바울은 '아들을 보내심'이라는 메타포로 만족한다. 따라서 바울에게 십자가에서 죽은 것은 무한자가 아니다. 분명히 사건의 거점을 구성하려면 우리에게 보내진 아들이 초월성의 심연을 멸하면서 육체의 길에, 죽음의 길에, 인간 주체의 모든 차원에 내재할 것이 요구된다. 하지만 이로부터 그리스도가 육화된 신이라든가, 그를 무한자의 유한자-됨으로 생각해야 한다는 결론이 나오는 것은 아니다. **바울의 사유는 부활 속에서 육화를 파기한다.**

물론 '절대자의 십자가 수난'도 또 [절대] 정신의 육화라는 어떤 변증법도 작동시키지 않지만 그럼에도 불구하고 부활이 철저한[근본적인] 보편성을 위해 차이들을 폐지시키고, 사건이 모두에게 예외 없이 말 건네지고 모든 주체를 결정적으로 분열시키는 것은 사실이다. 그것이 바로 로마 세계 안에선 청천벽력과도 같은 혁신이었다. 그것은 죽음의 이름들과 삶의 이름들을 면밀히 조사해야만 해명될 수 있을 것이다. 그러한 죽음의 이름들 중의 첫번째가 바로 **율법**이다.

7

|

율법에 맞선 바울

위험천만한 환유인 두 가지 진술이 바울의 가르침을 집약하고 있는 것처럼 보인다.

1. 우리를 구원하는 것은 믿음이지 행위œuvres가 아니다.
2. 우리는 더이상 율법하에 있지 않고 은총 아래 있다.

따라서 한 주체의 근본적인 선택을 배열한다면 네 가지 개념이 있을 것이다. 피스티스πίστις(믿음), 에르곤ἔργον(행위), 카리스χάρις(은총)와 노모스νόμος(율법). 육체(사르크스σάρξ)라는 주체의 길 — 이것의 실재가 죽음이다 — 은 율법과 행위의 쌍을 조직한다. 반면 영(프네우마πνεῦμα)이라는 주체의 길 — 이것의 실재가 생명이다 — 은 은총과 믿음의 쌍을 조직한다. 이 둘 사이에 사건적 주어짐이라는 새로운 실재적 대상이 존재한다. 이 대상은 "그리스도 예수 안에 있는 구원"을 가로지르고, "διὰ τῆς ἀπολυτρώσεως τῆς ἐν Χριστῷ Ἰεσοῦ*"(「로마서」, 3장 24절)을 거치게 된다.

하지만 왜 율법을 죽음 쪽으로 내던질 필요가 있는가? 특수성 속에서, 즉 그것이 규정하는 행위의 특수성 속에서 보자면 율법은 은총의 보편적인 말 건넴이 순수한 확신이나 믿음으로 주체화되는 것을 저지하기 때문이다. 율법은 구원을 '객관화하고' 우리로 하여금 구원을 그리스도라는 사건의 무상성無償性에 연관시키지 못하도록 만든다. 바울은 「로마서」, 3장 27~30절에서 일자^{Un}, 보다 간단하게는 **하나의** 진리가 관련되는 경우 문제의 핵심은 사건과 보편성 사이의 본질적 관계라는 것을 명백히 밝히고 있다.

사람이 자랑할 것이 어디에 있습니까? 전혀 없습니다. 무슨 법으로 의롭게 됩니까? 행위의 법으로 됩니까? 아닙니다. 믿음의 법으로 됩니다. 사람이 율법의 행위와는 상관없이 믿음으로 의롭다고 인정을 받는다고 우리는 생각합니다. 하나님은 유대 사람만의 하나님이십니까? 이방 사람의 하나님도 되시지 않습니까? 그렇습니다. 이방 사람의 하나님도 되십니다. 참으로 하나님은 오직 한 분뿐이십니다. 그러므로 하나님께서는 할례를 받은 사람도 믿음을 보시고 의롭다고 하시고, 할례를 받지 않은 사람도 믿음을 보시고 의롭다고 하십니다.

* 그리스도 예수 안에서 얻는 구원.

본질적인 문제는 단 하나의 신만 있다는 것이 정확히 무엇을 의미하는가를 아는 것이다. '유일신^{monothéisme}'이란 말 속에서 '하나^{mono}'란 무엇을 의미하는가? 여기서 바울은 일자라는 위험천만한 질문과 대면한다 — 하지만 동시에 용어를 새로이 하고 있다. 본질적으로 혁명적인 그의 확신은 **일자의 표징은 '모두에 대해 있는 것', 다시 말해 '예외가 없음'**이라는 것이다. 단 하나의 신만이 존재한다는 것은 실체에 대한, 즉 지고의 존재자에 대한 철학적 사변이 아니라 하나의 말 건넴의 구조에 기반해 이해되어야 한다. 일자는 그가 말 건네는 주체들 안에 어떤 차이도 기입하지 않는다. 이것이 바로 사건 속에 뿌리를 두고 있는 보편성의 준칙이다. 일자는 모두에 대해 있을 때만 존재한다는 것이다. 인류 전체를 고려해야만 유일신은 이해될 수 있다. 모든 이에게 말 건네지 않는 일자는 풍화되고 사라진다.

하지만 바울에게 율법은 항상 하나의 특수성, 따라서 차이를 가리킨다. 율법은 일자의 작용이 될 수 없다. 왜냐하면 율법은 기만적인 '일자'를 자신이 상세히 규정한 명령들을 인정하고 실행하는 자들에게만 할당하기 때문이다.

이러한 확신의 기저에 깔린 존재론적인 토대(하지만 존재론은 전혀 바울의 관심사가 아니다)는 특수성의 일자가 될 수 있는 사건적 일자는 없다는 것이다. 일자의 가능한 유일한 상관물은 보편자이다. 진리의 일반적 장치는 일자(바울의 우화 속에서는 신의 초월성, 유일신)와 보편자(할례받은 사람과 할례받지 않은 사람을 모두 포함한 인류 전체), 개별자(그리스도라는 사건)를 포함하고 있다. 특수한 것은 이 장치에 기입될 수 없으며 의견, 관습, 율법에 속한다.

어떤 것이 이러한 말 건넴의 보편성에 상응할 수 있을까? 어쨌든 율법성은 아니다. 율법은 항상 술어적이고 특수하며 부분적이다. 바울은 율법의 사태적^{étatique} 성격을 온전히 의식하고 있다. 여기서 '사태적'이란 말을 어떤 상황의 부분들을 열거하고 명명하며 제어하는 것으로 이해하기로 하자. 사건을 통해 돌발하려면 진리는 수^{數} 밖에, 술어 밖에 있고 제어 불가능해야 한다. 그것이 바로 바울이 은총이라고 부르는 것이다. 은총은 어떤 술어적 위치에도 있지 않으면서 도래하는 것, 율법적인 것을 넘어서는 것, 부여할 만한 이유도 없이 모두에게 일어나는 것이다. 은총은 **당연히 받아야 할 것이 아니면서도** 도래한다는 점에서 율법과 반대된다.

바로 여기에 바울의 심원한 통찰이 있다. 그러한 통찰은 일자에 대한 보편적이고 탈-율법적인 이해를 통해 주체에 대한 모든 특수적이거나 공동체적인 병합 그리고 주체의 구성적 분열에 대한 모든 법적·계약론적인 접근을 해체한다. **주체를 정초하는 것은 주체가 당연히 받아야 할 것이 아니다.** 왜냐하면 주체의 정립은 하나의 근원적인 우연 속에서 선언되는 것과 연결되기 때문이다. 인간의 인간임을 주체적 능력이라는 관점에서 이해한다면 엄밀한 의미에서 주체의 정립에 대한 인간의 어떤 종류의 '당위적 권한^{droit}'도 존재하지 않는다.

행위와 율법을 거부하는 바울의 입장의 핵심에는 '당연히 받아야 할 것', 권한과 의무라는 논리에 대한 논박이 자리 잡고 있다.

> 일을 하는 사람에게는 품삯을 은총으로 주는 것으로 치지 않고 당연한 보수로 주는 것으로 생각합니다(「로마서」, 4장 4절).

그러나 바울에게 마땅히 받아야 할 것은 아무것도 없다. 주체의 구원은 보상이나 보수 형태를 취할 수 없다. 믿음의 주체성은 보답과 관련되는 것이 아니다(이것이 결국 그러한 주체성을 코뮌주의적인 것으로 부를 수 있게 해주는 것이다). 그것은 [무상으로] 주어지는 선물, 즉 카리스마χάρισμα와 관련되어 있다. 카리스마가 모든 주체를 시작할 수 있도록 해주며, 따라서 모든 주체는 카리스마적이다. 주체화의 지점은 보수나 보상을 바라는 행위가 아니라 사건에 대한 선언이므로, 선언하는 주체는 그에게 고유한 카리스마에 따라 존재한다. 모든 주체성은 각자의 목적에 고유한 본질적인 무상성이라는 요소 안에서 자체의 분열에 직면한다. 구원의 작용은 카리스마의 도래에 있다.

바울에게서는 보편주의와 카리스마가, 일자의 보편적인 말 건넴의 능력과 투사적 태도의 절대적인 무상성이 근본적으로 연결되어 있다. 예를 들어 그는 「로마서」, 3장 22~24절에서 다음과 같이 말한다.

> 거기에는 아무 차별 | 디아스톨레διαστολή. '차이'를 의미한다 | 이 없습니다. 모든 사람이 죄를 범하였습니다. 그래서 사람은 하나님의 영광에 못 미치는 처지에 놓였습니다. 그러나 사람은 그리스도 예수 안에서 얻는 구원으로 말미암아, 하나님의 은총으로 값없이(도레안δωρεάν) 의롭다는 선고를 받습니다.

도레안이란 말은 '순수한 선물로', '아무 이유 없이', 심지어 '헛되이'란 의미마저 갖는 강렬한 단어다. 바울에게서는 보편의 '모두에 대하여'와 '아무 이유 없이'가 본질적으로 연결되어 있다. 오로지 아무 이유 없음의 체계 속에서만 모두에 대한 말 건넴이 있다. 절대적으로 무상적인 것만이 모두에게 말 건네질 수 있다. 오로지 카리스마와 은총만이 보편적인 문제에 부합될 수 있다.

모두에 대한 말 건넴이라는 무상적인 실천 속에서 카리스마에 의해 구성된 주체는 필연적으로 아무런 차이도 없다는 것을 주장하게 된다. 오로지 카리스마적인 것, 즉 절대적으로 아무 이유가 없는 것만이 기존의 차이들을 붕괴시키는, 율법을 넘어서는 힘을 가질 수 있다.

이것이 바로 은총의 '넘침'에 관한 저 유명한 바울적 주제의 뿌리이다. 율법은 세계의 술어적 다양성을 지배하고 전체의 각 부분에 마땅히 주어져야 할 것을 부여한다. 사건의 은총은 스스로를 초과하는, 묘사할 수 없는 다양성을, 율법의 고정된 분배와 관련해서뿐 아니라 다양성 자체에 비추어 보아도 흘러넘치는 그러한 다양성을 지배한다.

여기서 심원한 존재론적 주장은, 보편주의는 다자$^{\text{le multiple}}$를 전체의 부분으로서가 아니라 그 자신을 흘러넘치는 것, 장소 밖에 있는 것, 무상성의 노마디즘으로 사고할 수 있다고 전제한다는 것이다. 우리가 '죄'를 실존의 한 길로서의 죽음의 주체적 실행, 즉 특수성에 대한 율법적 숭배로 이해한다면 사건(그것이 어떤 것일지라도 진리인)과 관련해 주장될 수 있는 것은 항상 '죄'에 의해 한정되는 모든 것으로부터 예측할 수 없이 넘쳐나는 것이라는 사실을 이해할 수 있을 것이다. 이것이 바로 저 유명한 「로마서」, 5장 20~21절이 의미하는 것이다.

> 율법은 범죄를 증가시키려고 끼어 들어온 것입니다. 그러나 죄가 많은 곳에 은총이 더욱 넘치게 되었습니다. 그것은 죄가 죽음으로 사람을 지배한 것과 같이 은총이 의를 통하여 사람을 지배하여 우리 주 예수 그리스도로 말미암아 얻는 영원한 생명에 이르게 하려는 것입니다.

죽음과 삶이라는 두 주체적 길은 — 이 양자 사이의 관계 없음이 분열된 주체를 구성한다 — 또한 다양성의 두 유형이다.

- 특수화하는 다양성. 이것은 자체의 한계를 동반하며, 자체의 술어에 의해 한계가 표시된다. 율법은 그러한 다양성의 암호 또는 문자다.
- 자기 자신을 넘쳐나면서 보편성을 지탱하고 있는 다양성. 자기 자신을 넘쳐나기 때문에 이 다양성을 총체성으로 표상하는 것은 배제된다. 그러한 넘침은 어떤 전체에도 준거할 수 없다. 넘침이 차이의 폐기 — 넘쳐나는 과정 그 자체인 — 를 정당화하는 것은 바로 이 때문이다.

바울이 '은총'이라고 부르는 것은 사건 이후적인 다양성이 자체의 한계 — 율법의 계명을 죽은 기호로 갖는 — 를 넘어서는 능력이다. 은총/율법의 이러한 대립은 다자에 대한 두 가지 교의를 포함하고 있다.

율법과 관련된 주체의 모티프가 왜 죄의 모티프인지를 이해하는 문제가 아직 남아 있다. 여기서 우리는 극히 복잡한 장애물에 봉착한다. 이제부터 주체의 구성에서 '율법'을 죽음의 이름들 중 하나로 만드는 것은 바로 이 장애물이다.

실제로 관건이 되는 것은 바로 욕망(에피두미아ἐπιθυμία)인데, 이것을 너무 종교적 분위기를 풍기는 '욕정'으로 번역할 하등의 이유도 없다. 주체의 '새로운 삶'에까지 이르려면 욕망, 율법, 죽음, 삶 사이의 연결 관계를 극히 심층적으로 이해해야 한다.

바울의 근본적인 명제는 율법이, 그리고 오로지 율법만이 욕망에 그러한 욕망의 주체가 — 그러한 자율성의 관점에서 — 죽음의 위치를 차지하는 데 충분한 자율성을 부여한다는 것이다.

율법은 욕망에 삶을 주는 것이다. 그러나 이로써 율법은 주체가 죽음의 길 외의 어떤 다른 길에도 들어서지 못하도록 만든다.

죄란 정확히 무엇일까? 그것은 욕망 그 자체는 아니다. 만약 그렇다면 죄가 율법 및 죽음에 관련되어 있다는 것을 이해할 수 없을 것이다. **죄란 자율성, 자동성으로서의 욕망의 삶이다.** 율법은 욕망의 자동적 삶, 반복의 자동성을 해방시키기 위해 요구된다. 왜냐하면 율법만이 욕망의 대상을 **고정시키고**, 주체의 '의지'가 무엇이든 욕망을 대상에 묶어놓기 때문이다. 주체를 죽음이라는 육체의 길로 끌어들이는 것이 바로 욕망의 이러한 대상적 자동성*이다.

분명히 여기서 쟁점이 되고 있는 것은 무의식(바울은 그것을 의지적이지-않은 것, 내가 원치 않는 것, 'ὁ οὐ θέλω'라고 부르고 있다) 문제에 다름 아니라는 것을 알 수 있을 것이다. 율법에 의해서 고정되고 해방되는 욕망의 삶은 주체라는 중심축으로부터 이탈해 무의식적인 자동성으로서 완성된다. 그것과 관련해 의지적이지-않은 주체는 죽음을 생각해내는 것 말고는 달리 할 수 있는 것이 없다.

* 대상에 의해 규정된 자동성.

율법은 욕망에게 대상을 지정함으로써 욕망을 반복적 자율성에 떠넘기는 것이다. 이때 욕망은 위반의 형태로 자동성을 획득한다. 이 '위반'을 어떻게 이해해야 할까? 위반은 율법이 금지하는 것, 즉 부정적으로 명명하는 것이 주체의 장소와 위치에서 자족적으로 살고 있는 욕망의 대상이 될 때 존재한다. 명령, 욕망, 주체의 죽음의 이러한 교차는 바울에 의해 다음과 같이 요약된다.

> 죄가 그 계명을 통하여 틈을 타서 나를 속이고, 또 그 계명으로 나를 죽였습니다(「로마서」, 7장 11절).

욕망의 대상이 율법의 계명에 의해 지정될 때 그러한 욕망의 자율성을 '죄'로 명명하고 그러한 죄의 결과를 주체가 죽음의 위치로 나아가는 것으로 규정하는 이런 식의 배치보다 더 반칸트적인 배치는 생각할 수 없을 것이다.

지금까지 우리는 너무 앞질러 왔다. 하지만 이 모든 것은 아마도 바울의 텍스트 중 가장 유명한 만큼이나 복잡하기도 한 「로마서」, 7장 7~23절에 상세히 기록되어 있다. 이에 대한 해명을 계속하기 전에 전문을 인용해보기로 하자.

> 그러면 우리가 무엇이라고 말을 할 것입니까? 율법이 죄입니까? 그럴 수 없습니다. 그러나 율법에 비추어 보지 않고서는, 나는 죄가 무엇인지 알지 못하였을 것입니다. 율법에 "탐내지 말라"(「출애굽기」,

20장 17절) 하지 않았으면, 나는 탐심이 무엇인지를 알지 못하였을 것입니다. 그러나 죄는 이 계명을 통하여 틈을 타서, 내 속에서 온갖 탐욕을 일으켰습니다. 율법이 없으면 죄는 죽은 것입니다. 전에는 율법이 없어서 내가 살아 있었는데, 계명이 들어오니까 죄는 살아나고, 나는 죽었습니다. 그래서 나를 생명으로 인도해야 할 그 계명이, 도리어 나를 죽음으로 인도하는 것으로 드러났습니다. 죄가 그 계명을 통하여 틈을 타서 나를 속이고, 또 그 계명으로 나를 죽였습니다. 그러므로 율법은 거룩하며, 계명도 거룩하고 의롭고 선한 것입니다. 그러니 선한 것이 나에게 죽음을 가져왔습니까? 그렇지 않습니다. 그러나 죄가 죄로 드러나게 하려고, 죄가, 선한 것을 방편으로 하여 죽음을 나에게 가져왔습니다. 그것은 죄가, 계명을 방편으로 하여 더욱더 죄 되게 하려고 한 것입니다. 우리는 율법이 신령한 것인 줄 압니다. 그러나 나는 육정에 매인 존재로서, 죄 아래에 팔린 몸입니다. 나는 내가 하는 일을 도무지 알 수가 없습니다. 내가 해야겠다고 생각하는 일은 하지 않고, 도리어 해서는 안 되겠다고 생각하는 일을 하고 있으니 말입니다. 그런 일을 하면서도 그것을 해서는 안 되겠다고 생각하는 것은, 곧 율법이 선하다는 사실에 동의하는 것입니다. 그렇다면, 그와 같은 일을 하는 것은 내가 아니라, 내 속에 자리를 잡고 있는 죄입니다. 나는 내 속에, 곧 내 육신 속에 선한 것이 깃들어 있지 않다는 것을 압니다. 선을 행하려는 의지는 나에게 있으나, 그것을 실행하지 않으니 말입니다. 나는 내가 원하는 선한 일은 하지 않고, 도리어 원하지 않는 악한 일을 합니다. 내가 해서는 안 되는 것을 하면, 그것을 하는 것은 내가 아니라, 내 속에 자리를 잡고 있는 죄입니다.

여기에서 나는 법칙 하나를 발견하였습니다. 곧 나는 선을 행하려고 하는데, 그러한 나에게 악이 붙어 있다는 것입니다. 나는 속사람으로는 하나님의 법을 즐거워하나, 내 지체 속에는 다른 법이 있어서 내 마음의 법과 맞서서 싸우고, 내 지체 속에 있는 죄의 법에다 나를 사로잡는 것을 봅니다.

여기서 바울의 모든 사유는 삶/죽음이라는 대립에 의해 구조화된 주체의 무의식 이론을 향하고 있다. 율법의 금지란 그것을 통해 대상에 대한 욕망이 '무의지적으로', 무의식적으로, 죄의 삶처럼 이루어지는 것을 말한다. 그것에 의해 주체는 이러한 욕망의 중심에서 벗어나 죽음 쪽으로 건너간다.

바울에게 중요한 것은 이러한 경험(그는 분명히 아우구스티누스의 『고백록』과 같은 문체로 본인에 대해 말하고 있다)이 율법의 조건하에서 만약 주체가 죽음의 편에 선다면 삶은 **죄의 편에 서는** 독특한 배치를 등장시킨다는 것이다.

주체 자신이 삶 쪽에 있고 죄, 즉 반복의 자동성은 죽음의 위치를 차지하게 되는 또 다른 배치로 옮겨 가려 한다면 주체는 율법과 단절해야 한다. 이것이 바로 바울의 준엄한 결론이다.

주체의 분열이 더이상 율법에 의해 지지되지 않는데 어떻게 보편적 진리의 주체가 구성될 수 있을까? 부활은 믿음(피스티스πίστις)의 이름 아래 주체가 스스로를 판별하도록 부른다. 즉 그러한 행위의 결과들, 또는 행위들이라고 불리게 된 미리 규정된 형태들과는 독립적으로 말이다. 사건이 일어나는 방식 속에서 주체는 주체화**이다**. '피스티스'(믿음, 혹은 확신)라는 말은 바로 이 점, 즉 주체와 주체화 사이에 어떤 간격도 없다는 것을 가리킨다. 주체로 하여금 끊임없이 진리에 봉사하도록 자극하고 휴식을 금하는 이러한 간격의 부재를 통해 하나의 진리$^{Une-vérité}$는 모두를 향해 나아간다.

아마 이처럼 중요한 지점에서 우리는 바울이 우화의 신랄함을 통해 제시한 형상들을 요약하고 개괄해봄으로써 유물론적 가치를 지닌 두 가지 정리定理를 정돈해보고, 이를 통해 우리가 사고하고 있는 은총의 유물론을 그려볼 수 있을 것이다.

정리 1. 일자는 모두에 대해 있으며, 율법이 아니라 사건으로부터 유래한다.

진리의 보편성은 사건에 대한 소급 속에서 구성된다. 율법은 '모두에 대해'서는 부적절하다. 왜냐하면 율법이란 항상 상태적이고, 부분들의 지배에 관련되고, 특수한 것이기 때문이다. 율법이 부재할 때만 일자는 존재한다. 보편성은 우리에게 일어나는 우연성에 유기적으로 관련되어 있는데, 그러한 우연이란 은총의 이해할 수 없는 넘쳐남이다.

정리 2. 율법과는 관련이 없는 우연으로서의 사건만이 그 자체를 넘어서는 다양성, 즉 유한성을 넘어설 수 있는 가능성을 도래하게 할 수 있다.

이로부터 주체와 관련해 필연적으로 나오는 결론 — 이것은 바울에 의해 완벽하게 확립된 바 있다 — 은 모든 율법[법칙]은 유한성의 암호라는 것이다. 그것이 바로 율법으로 하여금 육체의 길을, 결국 죽음의 길을 따르도록 강요하는 것이다. 말 건넴을 특수화함으로써 유일신을 금지하는 것은 또한 무한성도 금지한다.

하지만 잠시 더 「로마서」의 미궁으로 들어가보자.

우리는 이 텍스트에서 이미 율법 없이는 해방된 욕망도, 자율적·자동적 욕망도 있을 수 없다는 것을 지적한 바 있다. 추락 이전에, 율법이 주어지기 전에 구별되지 않고 분열되지 않은 삶이, 아담의 삶과 같은 무엇이 있다. "전에는 율법이 없어서 내가 살아 있었다"고 말할 때 바울이 환기시키고 있는 것은 일종의 어린 시절이다. 왜냐하면 이 '삶'은 분열된 주체 속에 있는 영의 길에 속한 실재 전체를 구성하고 있는 것이 아니기 때문이다. 그것은 오히려 두 갈래 길을 분리시키지 않는 삶, 충만함을 전제로 한 주체의 삶, 다시 말해 나누어지지 않은 주체의 삶이다. 만약 이처럼 율법 '이전'을 전제한다면 우리는 죄 없는 주체, 심지어 죽음을 발명해내지도 않은 주체를 전제하는 것이다. 또는 오히려 죽음은 욕망 쪽에 자리 잡고 있다. 왜냐하면 "율법이 없으면 죄는 죽은 것"이니까. 다시 말하면 율법이 없으면 욕망의 현재적 자율성도 없다. 분열되지 않은 주체 안에서의 욕망은 비어 있고 작동하지 않는 범주이다. 이후 죽음의 길이 될 것, 즉 주체를 죽음의 위치로 옮겨 가게 할 것은 살아 있지 않다. '율법 이전에' 죽음의 길은 죽어 있다. 그러나 또한 율법 이전의 그처럼 순결한 삶은 구원이라는 문제를 알지 못한다.

'율법과 함께' 주체는 확실하게 통일성과 순결성으로부터 벗어나게 된다. 앞에서 전제된 비구별 상태는 더이상 지탱될 수 없다. 욕망 — 율법이 그것의 대상을 지정해준다 — 은 위반적 욕망으로 규정되고 자동화되어 있다. 율법과 함께 욕망은 다시 삶을 얻는다. 그것은 능동적이고 충만한 범주가 된다. 율법이 금지와 명명을 통해 드러내는 대상적 다양성으로 인해 육체의 길이 구성된다. 죄는 욕망의 자동성으로 나타난다.

그런데 죄의 길은 죽음의 길이다. 따라서 우리는 바울의 담론의 핵심은 다음과 같다고 말할 수 있다. **그 자체는 죽어 있던 죽음의 길이 율법과 함께 다시 살아난다**고. 율법은 죽음을 살아나게 하고, 영에 따르는 삶으로서의 주체는 죽음 쪽으로 떨어진다. 율법은 삶을 죽음의 길 쪽에, 죽음을 삶의 길 쪽에 배분하는 것이다.

삶의 죽음이 바로 (죽음의 위치에 있는) 자아이며, 죽음의 삶이 바로 죄이다.

율법에 맞선 바울

우리는 (죽은) 자아와 (살아 있는) 죄의 분리라는 강력한 역설을 주목할 것이다. 그러한 역설은 죄를 짓는 것은 결코 자아가 아니라 내 안에 있는 죄임을 의미한다. "죄가 계명을 통해 틈을 타서 나를 속이고, 또 그 계명으로 나를 죽였습니다." 그리고 "그것을 하는 것은 내가 아니라, 내 속에 자리를 잡고 있는 죄입니다". 도덕론자라고는 결코 말할 수 없을 바울의 관심은 이러한 죄가 아니다. 중요한 것은 죄의 주체적 위치와 그것의 계산이다. 죄는 죽음의 삶이다. 오로지 율법만이 이 죽음의 삶을 가능케 한다. 그것을 위해 삶은 자아의 형태로 죽음의 위치를 점해야 하는 대가를 치러야 한다.

이 모든 텍스트를 관류하고 있는 극단적인 긴장은 바울이 주체의 탈중심화, 주체의 분열의 특수하게 굴절된 형태를 분명하게 제시하려고 하기 때문에 나타나는 것이다. 삶의 주체가 죽음의 위치에 있고, 또 **역으로** 죽음의 주체가 삶의 위치에 있기 때문에 한편의 지식과 의지는 다른 한편의 행위 또는 행동과 완벽히 분리된다. 그것이 바로 율법의 지배하에 있는 실존의 경험적으로 관찰 가능한 본질이다. 또 이러한 탈중심성은 코기토에 대한 라캉의 해석(내가 생각하는 곳에 나는 없고, 내가 있는 곳에서 나는 생각하지 않는다)과 비교될 수 있을 것이다.

이를 좀더 일반화시켜보기로 하자. 바울에게 율법적 인간이란 행위가 사유와 분리되어 있는 사람이다. 그것이 바로 계명에 의한 유혹의 결과다. 죽은 자아와 살아 있는 욕망의 무의지적인 자동성 사이에서 분열된 주체의 이러한 형상은 사유에 있어서는 무력함의 형상이다. 근본적으로 죄는 과오라기보다는 행위를 규정할 수 없는 살아 있는 사유의 무능력이라고 할 수 있다. 율법의 영향으로 사유는 무력함과 궤변 속으로 해체된다. 왜냐하면 주체(죽은 자아)가 욕망의 살아 있는 자동성이라는 무한한 힘으로부터 분리되기 때문이다.

따라서 이렇게 상정해볼 수 있을 것이다.

정리 3. 율법은 주체를 사유의 무력함으로 구성한다.

그러나 율법은 무엇보다도 먼저 문자로 된 계명의 힘이다. 우리는 「고린도후서」, 3장 6~7절에 들어 있는 다음과 같이 무시무시한 표현을 알고 있다. "τὸ γράμμα ἀποκτέννει τὸ δὲ πνεῦμα ζῳοποιεῖ" 즉 "문자는 사람을 죽이고 영은 사람을 살립니다." 이어 "돌판 위에 문자로 새긴(ἐν γράμμασιν) [율법의] 죽음에 이르게 하는 직분"에 대한 언급이 뒤따른다. 문자는 주체의 사유를 주체의 모든 힘으로부터 유리시킴으로써 주체를 죽게 만든다.

따라서 사유가 행위와 힘으로부터 분리되지 않는 것을 '구원'(바울은 이것을 의롭다고 인정된 삶, 혹은 의義의 인정이라 말한다)이라고 부를 수 있을 것이다. 구원은 주체의 분열된 형상이 행동의 힘으로 사유를 지탱할 때에 존재한다. 이것이 내가 진리 공정이라고 부르는 것이다.

따라서 우리는 아래와 같은 정리를 제시할 수 있을 것이다.

정리 4. 구원의 문자, 또는 진리 공정을 위한 문자적 형태는 존재하지 않는다.

그것은 오직 자동성과 계산의 문자만이 존재함을 의미한다. 이로부터 당연히 오직 계산은 문자로서만 존재한다는 결론이 나온다. 암호는 죽음으로부터만 존재한다. 모든 문자는 맹목적이며, 맹목적으로 작동한다.

문자 아래 있을 때, 즉 문자적일 때 주체는 행동의 자동성과 사유의 무력함이라는 분리된 상관관계로 제시된다.

그러한 분리의 파괴를 '구원'이라고 부른다면 구원이 자동성으로부터 무력함의 사슬을 끊는 율법 없는 돌발에 의존한다는 것은 분명하다.

구원과 죄의 반변증법을 이해하고 재전유하는 것이 중요하다. 구원은 죄라는 이름을 가진 주체의 형상으로부터 벗어나는 것이다. 실제로 우리는 죄가 주체의 구조이지 나쁜 행위가 아님을 살펴보았다. 죄란 율법의 영향하에서 삶과 죽음의 위치가 뒤바뀐 것 외에 다른 것이 아니다. 바로 이 때문에 바울은 원죄에 대한 정교한 교의를 제시하지 않고도 간결하게 우리가 죄 안에 **있다**고 말할 수 있었다. 구원이 죄의 주체적 메커니즘을 제거할 때 그러한 해방이 주체의 탈문자화 속에서 이루어진다는 것이 분명해질 것이다.

이러한 탈문자화는 분열된 주체의 길들 중 하나가 문자적인 것을 넘어선다는 것을 받아들일 때에만 생각될 수 있다. 우리가 '율법하에' 있는 한 그러한 길은 죽은 채로 있다(이 길은 자아의 태도 속에 있다). 오로지 부활만이 이 길을 다시 되살려낼 수 있다. 삶이 죽음의 여분의 위치를 점하고 있을 때 삶과 죽음의 얽힘을 풀어내는 것은 단지 은총의 넘침, 즉 순수한 행위로부터만 발견될 수 있다.

　'은총'이란 주체 안에서 삶의 길이 갑작스레 다시 작동하는 이유를, 즉 사유와 행동 사이의 연결 관계가 재발견된 이유를 사유가 **온전히** 설명할 수 없음을 의미한다. 사유는 사유의 질서를 넘어서는 어떤 것에 의해서만 무력함으로부터 다시 일어설 수 있다. '은총'은 활동적 사유의 조건인 사건을 명명한다. 이 조건은 그 자체가 필연적으로 그것이 조건짓는 것을 넘쳐남으로써 존재한다. 이것은 은총이 부분적으로 그것이 되살려내는 사유로부터 빠져나와 있음을 말해주고 있다. 또는 현대시의 바울이라고 할 수 있을 말라르메라면 이렇게 말할 것이다. 즉 모든 사유가 그 밖으로 주사위를 던지고 있는 것은 분명하지만 동시에 그렇게 해서 사유를 발생시킨 우연을 궁극적으로 사유할 수 없는 것 또한 마찬가지로 분명하다고 말이다.

　바울에게 있어서 율법에 의해 조정되는 삶/죽음의 교착의 형상은 삶과 죽음에 관련된 준엄한 작용에 의해서만 대체될 수, 다시 말해 다시 한번 뒤바뀔 수 있는데, 그러한 작용이 바로 부활이다. 오직 부활만이 삶과 죽음을 본연의 위치로 되돌려보낸다. 삶이 반드시 죽음의 위치에 있는 것은 아니라는 것을 보여줌으로써 말이다.

8

|

보편적 힘으로서의 사랑

우리는 앞에서 만약 '도덕'을 율법에 대한 실천적인 복종으로 이해한다면 어떤 도덕도 주체의 실존을 정당화할 수 없다는 것을 확인했다.

> 사람이 율법을 행하는 행위로 의롭게 되는 것이 아니라 예수 그리스도를 믿는 믿음으로 의롭게 되는 것입니다(「갈라디아서」, 2장 16절).

게다가 그리스도라는 사건은 본질적으로 단지 죽음의 제국일 뿐인 율법에 대한 폐지이다.

> 그리스도께서 [……] 우리를 율법의 저주에서 속량해주셨습니다(「갈라디아서」, 3장 13절).

율법하에서 욕망의 자동적 삶에 의해 주변으로 밀려난 주체가 죽음의 위치를 점하고 죄(즉 무의식적 욕망)가 자율적 삶을 살았던 것처럼 그와 마찬가지로 부활에 의해 죽음 밖으로 옮겨진 주체는 그리스도라는 이름의 새로운 삶에 동참하게 된다. 그리스도의 부활은 또한 **우리의** 부활로, 그것은 율법하에서 주체가 자아라는 폐쇄적인 형태로 은거하고 있는 장소인 죽음을 파괴한다.

> 이제 살고 있는 것은 내가 아닙니다. 그리스도께서 내 안에서 살고 계십니다(「갈라디아서」, 2장 20절).

역으로 진리와 정의가 율법적인 계명의 준수에 의해 획득될 수 있다고 전제하기를 고집한다면 죽음으로 되돌아가 어떤 은총도 우리의 실존에 허락되지 않았음을 상정하고 부활을 부인해야 한다.

> 나는 하나님의 은총을 헛되게 하지 않습니다. 의롭다고 하여 주시는 것(디카이오쉬네δικαιοσύνη)이 율법으로 되는 것이라면, 그리스도께서는 헛되이 죽으신 것이 됩니다(「갈라디아서」, 2장 21절).

이것은 그리스도교 담론과 맺어진 주체는 **어떤 법도 갖지 않음**을 의미하는가? 앞서 우리가 길게 주석을 단 「로마서」의 해당 구절 안에 있는 여러 가지 단서들은 그와 반대의 경우를 가리키고 있는데, 따라서 우리는 **문자를 넘어서는 법, 영의 법의 실존**이라는 아주 난해한 질문을 던지지 않을 수 없다.

왜냐하면 바울은 율법을 폐하고 율법과 무의식적인 욕정 간의 관계를 밝히려고 할 때조차도 "계명도 거룩하고 의롭고 선한 것입니다ἐντολὴ ἁγία καὶ δικαία καὶ ἀγαθή"(「로마서」, 7장 12절)라고 환기시키기 때문이다. 더더구나 그는 앞서의 모든 변증법을 단숨에 전복하려는 듯 "우리는 율법이 신령한 것인 줄 압니다ὁ νόμος πνευματικός"(「로마서」, 7장 14절)라고 말한다.

따라서 율법적 주체화 — 이것은 죽음의 권능[힘]이다 — 그리고 영과 삶에 속하며 믿음에 의해 다시 세워지는 법을 구별해야 할 것처럼 보인다.

우리의 과제는 아래와 같은 두 가지 진술 사이의 명백한 이율배반을 사고하는 것이다.

1. "그리스도는 율법의 끝이다τέλος νόμου Χριστὸς"(「로마서」, 10장 4절).
2. "사랑은 율법의 완성이다πλήρωμα νόμου ἡ ἀγάπη"(「로마서」, 13장 10절).

믿음과 선언된 확신이라는 조건 아래서 사랑은 문자적이지 않은 법을 명명하고, 이 법은 충실한 주체에 견고함을 주며 사건 이후적인 진리를 세계 속에 실행한다.

내 관점에서 보건대 이것은 일반적인 효력을 지니는 주장이다. 주체를 상황에 대한 상태적인 율법들로부터 유리된 것으로 도출시키는 진리의 도정은 진리를 모두에게 말 건넴으로써 주체를 보편화하는 또 다른 법칙에 의해서도 굳건해진다.

정리 5. 주체는 진리의 보편적 말 건넴 — 자신이 이러한 과정을 지탱한다 — 을 문자적이지 않은 법으로 삼는다.

순수한 주체화인 믿음 자체만으로는 구성되지 않는 이 보편적 말 건넴을 바울은 '사랑', 아가페ἀγάπη라고 부르는데, 오랫동안 이 말은 더이상 우리에게 그리 대단한 것을 의미하지 않는 '자애'로 번역되어왔다.

사랑의 원리는 사유로서의 주체가 사건의 은총을 부여받을 때 — 이것이 주체화(믿음, 확신)이다 — 죽었던 주체가 삶의 위치로 다시 되돌아온다는 것이다. 주체는 율법 쪽으로 추락했던 — 그것의 주체적 형상이 죄이다 — 힘의 속성들을 다시 회복한다. 그는 사유와 행동 사이의 현재적 통일성을 되찾는다. 그리하여 삶 자체가 보편적 법칙으로 바뀌게 된다. 율법은 모든 사람을 위한 삶의 접합, 믿음의 길, 법을 넘어선 법으로서 회귀한다. 이것이 바로 바울이 사랑이라고 부르는 것이다.

하지만 우리는 이미 믿음이 단순한 내밀한 확신과 혼동되어서는 안 된다는 것을 알고 있다. 앞서 살펴본 대로 스스로에 빠지게 되면 그러한 확신은 그리스도교 담론이 아니라 말로 표현할 수 없는 말이라는 네번째 담론, 신비주의적 주체라는 울타리를 구성하기 때문이다. 진정한 주체화는 사건에 대한 **공적 선언**을 — '부활'이라는 본래의 이름으로 그렇게 한다 — 그것에 대한 물적 증거로 갖고 있다. 그것을 공적으로 선언하는 것은 믿음의 본질에 속한다. 전투적이지 않은 진리는 존재할 수 없다. 바울은 「신명기」를 인용하며 이렇게 환기시키고 있다.

> [하나님의] 말씀은 네게 가까이 있다. 네 입(스토마στόμα)에 있고, 네 마음(카르디아καρδία)에 있다(「로마서」, 10장 8절 그리고 「신명기」, 30장 13절).

분명히 마음의 내밀한 확신이 틀림없이 요구되지만 오로지 믿음의 공적인 선언만이 주체를 구원의 길에 위치시킨다. 구원하는 것은 마음이 아니라 입이다.

> 이것은 우리가 전파하는 믿음의 말씀입니다. 입으로 예수는 주님이라고 고백하고, 하나님께서 그를 죽은 사람들 가운데서 살리신 것을 마음으로 믿는 사람은 구원을 얻을 것입니다. 사람은 마음으로 믿어서 의에 이르고, 입으로 고백해서 구원에 이릅니다(「로마서」, 10장 8~10절).

믿음의 실재는 '부활'이란 말로 '옛사람' 속에서처럼 삶과 죽음이 필연적으로 나누어져 있지 않다고 명백히 진술하는 실질적인 선언이다. 믿음은 공적으로 율법에 의해 명해진 주체적 몽타주가 유일한 단 하나의 것이 아님을 인정한다. 그러나 믿음은 한 사람의 부활을 고백함으로써 단지 모두에 대한 **가능성**을 선언하고 있을 뿐임을 우리는 확인하게 된다. 부활에 의해 삶과 죽음을 새롭게 배열하는 것이 얼마든지 가능하며, 우리는 무엇보다도 먼저 그것을 선언해야 한다. 그러나 그러한 확신은 '새로운 사람'의 보편화를 보류 상태로 두고, 살아 있는 사유와 행위 사이의 화해 내용에 대해서는 아무것도 말하지 않는다. 우리가 무력함으로부터 벗어날 **수 있고** 율법이 우리와 분리시킨 것을 되찾을 **수 있다**고 믿음은 말한다. 믿음은 예수 안에서는 실재적이지만 모두에 대해서는 아직은 실질적이지 않은 새로운 가능성을 규정한다.

진리의 사건 이후적인 보편성을 끊임없이 세계 안에 기입하고 이 보편성이 주체들을 삶의 길에 합류시킬 수 있도록 해주는 법이 되도록 해야 하는 것이 사랑의 임무이다. 믿음은 사유의 가능태적 권능[힘]에 대한 선언된 사유이다. 그러나 "πίστις διὰ γάπης ἐνεργουμένη" 즉 "믿음은 사랑을 통하여 일하는 것"(「갈라디아서」, 5장 6절)이고, 바울이 강력하게 표현하고 있는 대로 아직 그러한 권능[힘] 자체는 아니다.

바로 이러한 관점에서 사랑은 그리스도교적 주체에게서는 법의 귀환을, 문자로 되어 있지는 않지만 그럼에도 불구하고 믿음의 선언을 통해 개시된 주체적 에너지에 대해 원칙과 확고함을 부여하는 법의 귀환을 승인하는 것이다. 새로운 사람에게 사랑은 그가 이행한 율법과의 단절을 완성한다. 그것은 율법과의 단절에 대한 법, 율법의 진리에 대한 법이다. 이런 식으로 생각된 사랑의 법은 심지어 과거의 율법의 내용을 환기함(바울은 단 한번도 정치적 동맹의 확장 기회를 놓치지 않는다)으로써도 지탱될 수 있다. 사랑을 통해 그러한 내용을 돌에 새겨서는 안 되는 단 하나의 준칙, 즉 죽음으로 다시 추락하는 고통에 관한 준칙으로 이끌 수 있기 때문이다. 왜냐하면 사랑의 법은 믿음에 의한 주체화에 전적으로 종속되기 때문이다.

> 서로 사랑하는 것 외에는, 아무에게도 빚을 지지 마십시오. 남을 사랑하는 사람은 율법을 다 이루었습니다. "간음하지 말라. 살인하지 말라. 도둑질하지 말라. 탐내지 말라"는 계명과, 그 밖에 또 다른 계명이 있을지라도, 모든 계명은 "네 이웃을 네 몸과 같이 사랑하라"는 말씀에 요약되어 있습니다. 사랑은 이웃에게 해를 입히지 않습니다. 그러므로 사랑은 율법의 완성입니다(「로마서」, 13장 8~10절).

이 구절은 바울이 기울인 이중적인 노력을 잘 보여주고 있다.

- 율법 규정의 다양성을 축소시킨다. 왜냐하면 바로 계명

의 이러한 다양성에 욕망의 치명적 자율성이 대상의 형태로 결부되어 있기 때문이다. 대상에 속하지 않는 긍정적인 단 하나의 준칙이 필요하다. 그것은 금지에 대한 위반을 통해 욕망의 무한성을 불러일으키지 않을 것이다.

• 준칙으로 하여금 이해되기 위해서는 믿음을 요청하도록 만든다.

"네 이웃을 네 몸과 같이 사랑하는" 것이 이 두 가지 조건(그런데 아주 다행히도 『구약성서』에도 그러한 명령이 들어 있다)을 충족시켜준다. 이 유일한 명령은 어떤 금지도 내포하지 않은 순수한 긍정이다. 그리고 믿음을 요구한다. **부활 이전에 죽음에 맡겨진 주체는 자기를 사랑할 어떤 이해 가능한 이유도 갖고 있지 않기 때문이다.**

바울은 타자^{Autre}에 대한 헌신을 통해 자기를 잊어버리는 헌신적인 사랑의 이론을 말하는 사람이 전혀 아니다. 타자의 초월성과의 직접적인 관계 속에서 주체가 사라질 것을 요구하는 이러한 거짓 사랑은 나르키소스적인 주장일 뿐이다. 이것은 네번째 담론, 즉 내밀한, 말로 표현할 수 없는 말이라는 담론에 속한다. 바울은 먼저 자신을 사랑할 수 있어야만 진정한 사랑이 있을 수 있다는 것을 너무나 잘 알고 있다. 그러나 주체가 본인과 갖게 되는 이러한 사랑의 관계는 오직 그러한 진리를 선언하는 주체를 정립시키는 살아 있는 진리에 대한 사랑일 뿐이다. 이처럼 사랑은 사건과 믿음을 통한 주체화의 권위 아래 있다. 왜냐하면 오직 사건만이 주체를 사랑할 수 없는 죽은 자아가 아닌 다른 것이 되도록 허용하기 때문이다.

이처럼 새로운 법은 주체화(확신)에 의해 가능해지는 방식으로 타자^{autre}들과 모두를 향한 자기-사랑의 힘을 전개하는 데 있다. **사랑이란 정확히 믿음으로 가능한 것이다.**

이러한 주체화의 보편적 힘을 사건적 충실성이라고 부르기로 하자. 그리고 충실성이 진리의 법이라는 것은 사실이다. 바울의 사유 속에서 사랑이란 바로 자기-사랑을 보편적으로 **말 건네**는 힘에 따라 그리스도라는 사건에 충실한 것을 말한다. 사랑은 사유를 힘으로 만든다. 그것이 바로 믿음이 아니라 사랑만이 구원의 **능력**^{force}을 갖는 이유이다.

여기에서 핵심은 다음과 같다.

정리 6. 어떤 진리에 힘을 주고 그에 대한 주체적 충실성을 결정하는 것은 사건에 의해 정립된 자신과의 관계가 모두에게 말 건네는 것이지 그러한 관계 자체가 아니다.

이것을 투사의 정리^{定理}라고 부를 수 있을 것이다. 어떤 진리도 홀로이거나 특수하지 않다.

바울이 이러한 투사의 정리를 어떻게 해석하고 있는지를 이해하려면 명백히 모순적인 두 가지 진술로부터 출발하는 것이 유용하다.

바울은 구원을 오로지 믿음에만 할당하는 것처럼 보인다. 심지어 그의 사유는 종종 그런 식으로 환원되곤 한다. 예를 들어보자(그러나 이 주제는 서한에서 반복적으로 나타난다).

그러나 사람이, 율법을 지키는 행위로 의롭게 되는 것이 아니라, 예수 그리스도를 믿음으로 되는 것임을 알고, 우리도 그리스도 예수를 믿은 것입니다. 그것은, 우리가 율법을 지키는 행위로가 아니라, 그리스도를 믿는 믿음으로 의롭게 하여주심을 받고자 하는 것이었습니다. 율법을 지키는 행위로는, 아무도 의롭게 될 수 없기 때문입니다(「갈라디아서」, 2장 16절).

하지만 바울은 그만큼이나 열정적으로 구원을 사랑에만 할당하고, 심지어 사랑 없는 믿음은 공허한 주관주의라고 주장하는 데까지 나아간다. 다음과 같이 말이다.

내가 사람의 방언과 천사의 방언으로 말을 할지라도, 내게 사랑이 없으면, 울리는 징이나 요란한 꽹과리가 될 뿐입니다. 내가 예언하는 능력을 가지고 있을지라도, 또 내가 모든 비밀과 모든 지식을 가지고 있을지라도, 또 산을 옮길 만한 모든 믿음을 가지고 있을지라도, 내게 사랑이 없으면, 아무것도 아닙니다. 내가 내 모든 재산을 나누어 줄지라도, 자랑스러운 일을 하려고 내 몸을 넘겨줄지라도, 내게 사랑이 없으면, 내게는 아무런 이로움이 없습니다(「고린도전서」, 13장 1~3절).

새로운 사람에 고유한 세 가지 주요한 주체적 작용 — 믿음, 희망, 자애, 좀더 정확하게는 확신, 확실성, 사랑 — 을 분류할 때 바울이 주저 없이 맨 처음 자리를 부여하는 것이 바로 사랑이다.

> 그러므로 믿음, 희망, 사랑, 이 세 가지는 항상 있을 것인데, 그 가운데서 으뜸은 사랑입니다(「고린도전서」, 13장 13절).

한편으로 사건의 선언이 주체를 정립하기는 하지만 다른 한편으로 사랑과 충실성이 없다면 그러한 선언은 아무 소용이 없다. 보편적 말 건넴에 고유한 힘의 원천을 찾지 못하는 주체화는 진리를 놓치고 말 것이라고 말할 수 있을 것이다. 그러한 진리의 돌발과 관련해서는 그와 같은 말 건넴이 유일한 증거이기 때문이다.

이 세상에서 유일하게 사유와 행동의 통일을 실행할 수 있는 사랑의 우위와 관련해 바울은 항상 아주 정확한 어휘를 사용하고 있음에 주의해야 한다. 믿음에 의한 주체화가 문제될 때 바울은 구원(소테리아 σωτηρία)을 말하지 않고 의義의 인정(디카이오마 δικαίωμα)을 말한다. 사람이 "믿음으로 의롭다고 인정받는"(「로마서」, 3장 28절) 것도 사실이지만 오로지 사랑을 통해서만 구원받는 것도 사실이다. 참고로 '의義의 인정'이란 말이 어원적으로 정의라는 법적인 모티프를 갖고, 구원은 아주 간단하게 '해방'을 의미하고 있다는 것을 환기시켜야 할 것이다. 이처럼 주체화는 단 한 사람의 부활에 의해 지시된 가능성에 따라 해방이라는 의로운 공간을 창출한다. 그러나 오로지 말 건넴의 보편성을 내포하고 있는 사랑만이 이러한 해방을 실행한다. 바울이 "사랑은 [……] 진리와 함께 기뻐합니다ἡ ἀγάπη [……] συγχαίρει τῇ ἀληθείᾳ"(「고린도전서」, 13장 6절)라고 말하듯이 사랑만이 진리의 삶이며 즐거움이다.

바울의 직관에 따르면 모든 주체는 주체화와 꿋꿋함의 접합이다. 그것은 또한 즉각적인 구원은 없으며 은총 자체는 가능성에 대한 지시일 뿐이라는 것을 의미한다. 주체는 돌발 속에서뿐만 아니라 노력 속에서 주어져야 한다. '사랑'은 그러한 노력의 이름이다. 바울에게 진리는 오로지 "믿음이 사랑을 통하여 일하는"(「갈라디아서」, 5장 6절) 것이다.

스스로를 세계 속에 실존케 하는 진리의 힘은 이 진리의 보편성과 동일하고, 이 보편성의 주체적 형태는 바울이 말하는 사랑의 이름 아래 그러한 보편성이 그리스 사람이든 유대 사람이든, 남자든 여자든, 자유인이든 노예든 모든 다른 이들에게 끊임없이 말 건네지는 것이라고 해도 과언이 아니다. 이로부터 다음과 같은 말이 귀결된다.

> 우리는 진리를 거슬러서는 아무것도 할 수 없고οὐ δυνάμεθά κατὰ τῆς ἀληθείας 오직 진리를 위해서만ὑπὲρ τῆς ἀληθείας 무언가를 할 수 있습니다(「고린도후서」, 13장 8절).

정리 7. 진리의 주체적 과정은 그러한 진리에 대한 사랑과 동일한 것이다. 그리고 그러한 사랑의 전투적 실재는 그와 같은 진리를 구성하는 모두에 대한 말 건넴이다. 보편주의의 물질성은 모든 진리의 전투적 차원이다.

9

|

희망

 앞서 살펴본 대로 바울은 "믿음(피스티스πίστις), 희망(엘피스ἐλπίς), 사랑(자애, 아가페ἀγάπη), 이 세 가지는 항상 있을 것"(「고린도전서」, 13장 13절)이라고 말한다. 우리는 믿음과 사랑 사이의 주체적 상관관계를 살펴보았다. 그러면 희망은 어떠한가?

 바울 그리고 그의 후계자들에게서 희망은 정의와 관련된 것으로 묘사된다. 예를 들어 「로마서」, 10장 10절에서는 "마음으로 믿어서 의[정의]에 이르고"라고 말하고 있다.

 그렇지만 도대체 어떤 정의를 말하는 것이란 말인가? 바울은 정의에 대한 희망이 일종의 심판, 즉 최후의 심판에 대한 희망이라고 말하는 것인가? 그렇다면 그것은 아마 앞으로 도래할 어떤 사건, 즉 신에게서 버림받을 사람과 구원받을 사람을 선별하는 사건에 대한 희망일 것이다. 정의는 실현될 것이고, 희망은 바로 이 진리의 마지막 법정에 의탁될 것이다.

이러한 전통적인 심판적 종말론에 맞서 바울은 오히려 희망을 단순히 지속에 대한 명령, 끈기와 끈질김의 원칙으로 특징짓는 것처럼 보인다. 「데살로니가전서」에서 믿음은 '행위(에르곤ἔργον)'에 비교되고, 사랑은 고역, 노력, 고통에 비교된다. 희망, 그것은 참을성, 확고부동함, 인내와 연관된다. 즉 그것은 주체적 과정의 지속과 관련된 주체성이다.

믿음이란 참된 것에 대한 열림일 것이고 사랑은 그러한 여정을 보편화하는 실질성일 것이며, 마지막으로 희망은 그러한 여정 속에서의 확고부동함이라는 준칙일 것이다.

심판과 마침내 실현된 정의라는 생각과, 확고부동함과 '계속해야 한다'는 명령이라는 생각이 어떻게 접합될 수 있는가? 만약 심판이라는 측면을 강조한다면 보상에 대한 희망을 갖게 될 것이며, 확고부동함이라는 측면을 강조한다면 진리의 동역자라는 것을 제외하고는 전혀 이해관계가 없는 주체의 형상을 갖게 될 것이다. 이 두 경향은 오랜 역사를 갖고 있는데, 그것의 정치적 반향은 지금도 느껴지고 있다. 문제는 항상 어떤 익명의 주체의 전투적 에너지를 어디에 할당할 것인가이다.

만약 최후의 보상이라는 측면을 강조한다면 주체는 다시 대상과 결합될 것이다. 역으로 희망이 오히려 확고부동함의 원리라면 우리는 순수한 주체의 영역 안에 머무르게 될 것이다. 그리스도교는 이러한 긴장을 이용해 전진해왔는데, 물론 거의 항상 교회 입장에서 볼 때 보다 대중적이라 할 수 있는 보상을 중시해왔다. 그것은 마치 통상적인 조합주의가 인민의 '비현실적인' 정치적 열정을 더 잘 차단하기 위해 사람들의 요구를 중시해온 것과 마찬가지이다.

핵심은 희망이 힘과 어떤 관계를 갖고 있는가를 아는 것이다. 희망은 우리가 바라는 바에 따라 **외부로부터의** 힘을 강화시키는가? 우리를 구성한 사건을 고통스럽게 선언한 것에 대해 보상해줄 사건이 도래할 것인가? 그렇다면 희망은 일종의 사건적 연결이 될 것이다. 희망은 주체를 두 사건 사이의 간격에 배치하고, 주체는 첫번째 사건에 대한 믿음을 지탱하기 위해 두번째 사건에 대한 희망에 의지할 것이다.

전통적으로 사건을 객관화해온 교회의 교의에 따르면 최후의 심판이 믿지 않는 자들을 벌줌으로써 믿는 자들을 정당화해줄 것이다. 이렇게 말할 때 정의는 위대한 그림들 — 틴토레토나 미켈란젤로 같은 사람들은 보상받은 투사들의 찬란한 승천과 아연실색한 비열한 인간들의 추락을 대조시키는 데서 시각적 쾌감을 선사하고 있다 — 에서 볼 수 있듯 일종의 분배가 된다.

천국보다는 지옥이 항상 예술적으로나 대중적으로 더 커다란 성공을 거두어왔는데, 왜냐하면 희망에 대한 이러한 시각에서 주체가 요구하는 것은 악한 자는 처벌받으리라는 생각이기 때문이다. 이때 희망에 의한 믿음과 사랑의 정당화는 순전히 부정적인 것이 된다. 희망은 타인들에 대한 증오, 원한에 의해 관통된다. 그러나 이렇게 사고된 희망은, 바울이 사랑이라고 부르는 보편성 안에서의 사유와 힘의 화해와는 양립하기 어려운 것처럼 보인다.

실제로 바울에게서는 희망에 대한 심판적·객관적 이해는 찾아볼 수 없다. 분명히 그는 격정적이고 원한이 강한 사람(죽음의 길은 주체를 분열시키는 것을 견지하지 않을 수 없다)이었기 때문에 악한 사람들, 주로 그리스도교의 세포를 건설하는 데 있어 그의 정치적 적수였던 자들은 좋게 다루어지지는 않을 것이라는 것을 은연중 내비치는 일도 종종 있다. 마찬가지로 로마 제국 초기에 살던 여느 유대인과 마찬가지로 그도 종종 우리에겐 시간이 없으며 세상의 종말이 임박했다는 생각에 동의하기도 했다.

> 여러분은 지금이 어느 때인지 압니다. 잠에서 깨어나야 할 때가 벌써 되었습니다. 지금은 우리의 구원이 우리가 처음 믿을 때보다 더 가까워졌습니다. 밤이 깊고, 낮이 가까이 왔습니다. 그러므로 우리는 어둠의 행실을 벗어버리고, 빛의 갑옷을 입읍시다(「로마서」, 13장 11~12절).

그러나 바울이 이처럼 공격적이며, 묵시론적인 분위기에 양보하는 일은 거의 없으며, 희망을 불경한 이들의 처벌에 거는 일은 더더욱 드물다.

왜냐하면 바울의 열정은 보편주의이며, 사람들이 그를 '민족들[이방인]의 사도'라고 칭한 것이 우연은 아니기 때문이다. 그의 가장 명확한 확신은 부활이라는 사건적 형상이 지금 잠시 머무르고 있는 믿는 자들의 공동체라는 실재적이고 우연적인 거점을 넘쳐나리라는 것이다. 사랑의 노동은 아직 우리 앞에 놓여 있고 제국은 광대하다. 어디를 보건 불경건하고 무지해 보이는 이러저러한 사람과 민족이야말로 이 투사가 주로 복음을 전해야 하는 대상들이다. 바울의 보편주의는 희망의 내용이 우연히 지금 살고 있게 된 신자들에게만 허용되는 일종의 특권이 되는 것을 허용하고 있지 않다. 분배적 정의를 희망의 지시 대상으로 만드는 것은 적절치 않다.

요컨대 바울에게 희망은 객관적 승리에 대한 희망이 아니다. 그와 반대로 희망을 낳는 것은 바로 주체적인 승리다. 진리의 투사라면 누구에게나 큰 무게를 가질 아래의 난해한 텍스트를 이해해보도록 하자.

> 우리는 […] 하나님의 영광의 자리에 참여할 소망을 품고 자랑을 합니다. 그뿐만 아니라, 우리는 환난 가운데서도 자랑을 합니다. 우리가, 환난은 인내를 낳고, 인내는 품격을 낳고, 품격은 희망을 낳는 줄을 알고 있기 때문입니다. 이 희망은 우리를 실망시키지 않습니다 (「로마서」, 5장 2~5절).

'희망'이라는 이름의 주체적 차원은 극복된 시련이지, 우리가 그것의 이름으로 시련을 이겨내는 어떤 것이 아니다. 희망은 '시련을 이겨내는 충실성'이며 이 시련을 관통하는 사랑의 끈기이지, 결코 보상이나 벌에 대한 비전이 아니다. 희망은 승리한 충실성의 주체성, 이 충실성에 대한 충실성이지 일어날 결과에 대한 표상이 아니다.

희망은 실행의 시련 가운데 있는 충실성의 바로 지금, 여기에서의 실재를 가리킨다. 우리는 "희망은 우리를 실망시키지 않는다"는 수수께끼 같은 표현을 바로 이런 의미로 이해해야 한다. 이 표현은 "불안은 실망시키지 않는다"는 라캉의 진술과 비교될 수 있을 텐데, 왜냐하면 불안은 실재로 충전되어 있으며 그러한 불안이 유래하는 실재를 초과해 있기 때문이다. 희망은 결국 보상되는 이상적 정의에 대한 상상[적인 것]이 아니라 실재에 대한 시련을 통해 진리에 대한 인내를 동반하는 것 또는 사랑의 실천적 보편성을 동반하는 것이라고 할 수 있을 것이다.

일반적으로 바울이 믿음은 '보수'를 받을 것이라는 생각에 반대할 뿐만 아니라 희망을 보상이라는 상상[적인 것]에 종속시키지 않는 것은 부활은 그것의 작용의 보편적인 성격을 벗어나서는 어떤 의미도 가질 수 없기 때문이다. 우연성과 은총이 관건이 될 때 나눔이나 분배를 고정시키는 것은 어떤 것도 금지된다.

> 한 사람의 의로운 행위로 말미암아 모든 사람이 의인으로 판정받을 것입니다(「로마서」, 5장 19절).

'모든 사람'이 예외 없이 다시 등장한다.

> 아담 안에서 모든 사람이 죽는 것과 같이, 그리스도 안에서 모든 사람이 살아나게 될 것입니다(「고린도전서」, 15장 22절).

여기 어디에도 복수나 원한을 위한 자리는 없다. 바울에게 지옥, 적들을 불태울 불구덩이는 전혀 관심의 대상이 아니다.

그렇지만 **하나의** 적은 적시되는데, 그것의 이름이 바로 죽음이다. 그러나 그것은 사유의 한 갈래 길에 적용될 수 있는 총칭적 이름이다. 이 적에 대해 바울은 아주 드물기는 하지만 이렇게 미래형으로 말하고 있다.

> 맨 마지막으로 멸망받을 원수는 죽음입니다(「고린도전서」, 15장 26절).

희망 속에서 관건이 되는 정의는 틀림없이 죽음의 죽음이라고 말할 수 있을 것이다. 그러나 그것은 바로 지금 죽음이라는 주체적 형상을 패배시키는 과제를 수행하는 문제이다. 정의는 사랑의 보편적 말 건넴과 공존하며, 구원받을 자와 버림받을 자 사이의 어떤 심판적 분리도 가져오지 않는다. 대신 투사의 충실성에 대한 신뢰로서의 희망은 오히려 모든 승리가 사실은 모두의 승리라고 단언한다. 희망은 보편성이 거두는 승리의 주체적 양태이다.

온 이스라엘이 구원을 받게 되리라는 것입니다(「로마서」, 11장 26절).

사랑이 자기-사랑을 살아 있는 사유를 구성하는 것으로서 모두를 향하도록 하는 일반적 힘인 것과 마찬가지로 희망은 구원의 주체성 그리고 사유와 힘의 통일성의 주체성을 각각의 시련 속에, 모든 승리 속에 현존하는 보편성으로서 짜낸다. 거두어진 모든 승리는 아무리 국지적인 것이라 할지라도 보편적이다.

바울에게서 내가 의롭게 되는 것은 모두가 의롭게 되는 것을 통해서만이라고 선언하는 것은 극히 중요하다. 물론 희망은 나에 관한 것이다. 그러나 그것은 구원의 구조가 보편적인 한에서만 나는 나의 개별성 속에서 그러한 구조의 주체로서 자리하게 될 수 있다는 것을 의미한다.

희망은 사랑 안에서 내가 확고부동할 수 있는 것은 오로지 사랑이 참된 것의 구체적 보편성을 확립하고, 그러한 보편성이 나를 포섭하며, 다시 나를 나에게로 되돌아오게 하는 한에서일 뿐이라는 것을 가리키고 있다. 바로 이것이 다음과 같은 진술의 강력한 의미이다.

내게 사랑이 없으면, 아무것도 아닙니다(「고린도전서」, 13장 2절).

바울에게 자기 정체성을 매개시켜주는 것은 보편성이다. 내가 하나로 세어질 수 있도록 해주는 것은 바로 '모두에 대해서'이다. 여기서 우리는 바울의 주요한 원칙을 재발견할 수 있다. '모두에 대함'이 없이는 일자에 다가갈 수 없다는 것이 그것이다. 내가 참된 것의 보편성을 위한 인내하는 노동자가 되는 순간부터 내가 구원에 참여하는 것을 지칭하고 시험하는 것이 바로 희망이라고 불리는 것이다. 이러한 관점에서 희망은 미래와 아무런 관련도 없다. 그것은 현존하는 주체의 형상으로, 그러한 형상은 다시 그가 그것을 위해 일하고 있는 보편성에 의해 영향을 받는다.

정리 8. 자체의 지속이라는 명령과 관련해 주체는 그를 구성하는 사건의 일어남이 보편적이며, 따라서 그에게 실질적으로 관여한다는 사실을 통해 자신을 지탱할 수 있다. 개별성은 보편성이 존재하는 한에서만 존재한다. 그렇지 않다면 진리를 벗어난 특수재[특수성]만이 존재할 수 있을 뿐이다.

10

|

보편성 그리고 차이들의 횡단

 희망이 주체의 순수한 인내이고 또 자신을 말 건넴의 보편성에 포함시킨다는 것으로부터 차이들을 무시하거나 또는 없애버려야 한다는 결론이 나오는 것은 결코 아니다. 왜냐하면 사건이 구성하는 것과 관련해 볼 때 "유대 사람도 그리스 사람도 없다"는 것이 진실이라 해도 유대 사람들과 그리스 사람들이 있는 것은 엄연한 **사실이기** 때문이다. 모든 진리 공정이 차이들을 폐기하고 순전히 총칭적인 하나의 다양성을 무한히 전개시킨다고 해서 상황(이것을 세상이라고 부르기로 하자) 속에 **차이들이 있다는 것**을 망각해서는 안 된다. 심지어 그 밖의 다른 것은 없다고도 주장할 수 있을 것이다.

 바울의 설교에 내포된 존재론은 존재자들에 반해 비존재자들에 더 높은 가치를 부여하고 있다. 좀더 정확히 말해, 기존의 담론들에 의해 타당성을 부여받은 존재자들은 진리의 주체에 대해 비존재자들로 여겨지는 반면 그러한 주체에 있어 존재하는 것은 이들 담론들에 의해서는 일반적으로 실존하지 않는 것으로 여겨지고 있다는 것을 바울의 존재론은 확증해준다. 그럼에도 불구하고 바로 이러한 허구적 존재자들, 이러한 의견들, 이러한 관습들, 이러한 차이들이야말로 보편성이 말 건네지고, 사랑이 향하고, 결국은 보편성 자체가 정립되기 위해, 즉 참된 것의 총체성이 **내재적으로** 전개되기 위해 횡단되어야 할 것들이다. 그 밖의 다른 모든 태도들은 진리를 (사유와 힘의 통일인) 사랑의 노동이 아니라 계시적이고 신비주의적인 네번째 담론의 울타리 속으로 되돌려보낼 것인데, 로마 제국 전역에 복음이 확실하게 전달되도록 하려는 바울은 그것이 사건을 독점하거나 척박하게 하길 원치 않는다.

이것이 바로 민족들[이방인들]의 사도인 바울이 차이와 관습들을 비난하는 것을 스스로 금할 뿐만 아니라 그것들을 통해 또 그것들 안에서 그것들에 대한 주체적 폐기가 발생하도록 그것들을 따르는 이유이다. 그것이 바로 새로운 차이와 새로운 특수성 ― 이것은 보편성을 **노출시킨다** ― 에 대한 추구로서, 그것을 통해 바울은 엄밀한 의미에서 사건이 일어나는 거점(유대적 거점)을 넘어서고, 그러한 사건에 대한 체험을 역사적·지리적·존재론적으로 이동시킬 수 있는 용기를 얻을 수 있었다. 이로부터 그에게서 아주 특징적으로 나타나는 투사적 어조가 생겨나는데, 그것이 특수성들의 전유와 원칙들의 불변성을, 차이들의 체험적 실존과 그것들의 본질적 비

실존을 하나의 무정형적인 종합이 아니라 해결해야 할 문제들의 연속으로 결합시키고 있다. 이와 관련된 그의 텍스트는 아주 강렬하다.

> 나는 어느 누구에게도 얽매이지 않은 자유로운 몸이지만, 많은 사람을 얻으려고, 스스로 모든 사람의 종이 되었습니다. 유대 사람들에게는, 내가 유대 사람을 얻으려고, 유대 사람과 같이 되었습니다. 율법하에 있는 사람들에게는, 내가 율법하에 있지 않으면서도, 율법하에 있는 사람들을 얻으려고, 율법하에 있는 사람과 같이 되었습니다. 율법이 없이 사는 사람들에게는, 내가 하나님의 율법이 없이 사는 사람이 아니라, 그리스도의 율법 안에서 사는 사람이지만, 율법이 없이 사는 사람들을 얻으려고, 율법이 없이 사는 사람과 같이 되었습니다. 믿음이 약한 사람들에게는, 내가 약한 사람들을 얻으려고, 약한 사람이 되었습니다. 나는, 모든 종류의 사람에게 모든 것이 다 되었습니다. 그것은, 내가 어떻게 해서든지, 그들 가운데서 몇 사람이라도 구원하려는 것입니다(「고린도전서」, 9장 19~22절).

이것은 전혀 기회주의적인 텍스트가 아니라 오히려 중국의 공산주의자들이 '대중 노선'이라고 부르고, '인민에 봉사한다'라는 표현 속에서 극단으로까지 밀고 나간 것과 관련되어 있다. 그것은 인민의 의견과 관습이 무엇이든 일단 진리의 사건 이후적인 노동에 사로잡힌다면 인민들의 생각은 이 세상에서 각자를 각자로서 알아볼 수 있게 해주는 차이들을 포기하지 않고도 그러한 차이와 관습들을 횡단하고 초월할 수 있다는 것을 전제하고 있다.

그러나 인민들이 그러한 진리에 사로잡히도록 하려면 보편성이 여전히 특수성의 측면 아래에서 제시되도록 해서는 안 된다. 우리가 차이들을 초월할 수 있는 것은 오로지 앞의 관습과 의견들에 대한 호의가 **차이들에 대한 관용적 무관심**으로서 제시될 때뿐이다. 그리고 그러한 무관심의 유일한 물질적 증거는 바울 말대로 본인이 그것들을 실천할 수 있고 실행할 줄 아는 것이다. 보편주의적인 전투주의 형태를 취한 다음 그것을 다시 차이와 특수성의 담지자로 만들어버리는 모든 율법들과 의례들에 대한 바울의 극단적인 불신은 바로 여기에서 유래한다.

물론 소규모의 그리스도교 세포에 속한 핵심 신자들은 그에게 여자들의 옷차림, 성관계, 허용되거나 금지된 음식물들, 지켜야 할 절기들, 점성술에 대해 어떻게 생각해야 할지를 끊임없이 물었다. 왜냐하면 이러한 종류의 질문들을 던지기를 좋아하고, 게다가 그러한 질문들만이 진정으로 중요하다고 생각하는 것이 차이의 망들에 의해 규정되어 있는 인간이라는 동물의 본성이기 때문이다. 바울은 흔히 자신이 볼 때 그리스도교적 주체를 식별하는 것과는 한참 거리가 먼 이러한 문제들이 파도처럼 밀려올 때마다 완고한 성급함을 내보였다.

이 문제를 두고 논쟁을 벌이려고 생각하는 사람이 있을지는 모르나, 그런 풍습은 우리에게는 없습니다(「고린도전서」, 11장 16절).

의견들의 충돌과 관습적 차이의 대립으로부터 벗어나는 것이 보편성을 향한 노력의 운명에는 아주 중요하기 때문이다. 기본 준칙은 다음과 같다.

의견들을 논쟁하는 사람이 되지 마십시오μὴ εἰς διακρίσεις διαλογισμῶν*(「로마서」, 14장 1절).

이러한 명령은 '디아크리시스διάκρισις'가 무엇보다 먼저 '차이들에 대한 식별'을 의미하는 만큼 한층 더 놀랍다. 바울이 몰두하는 것은 바로 진리 공정을 의견들과 차이들의 언쟁 속에서 위태롭게 하지 말라는 명령이다. 확실히 철학은 의견들을 문제 삼을 수 있고, 소크라테스에게서는 바로 그것이 철학을 정의하는 것이기도 하다. 그러나 그리스도교적 주체는 철학자가 아니고, 믿음은 하나의 의견도 의견들에 대한 비판도 아니다. 그리스도교의 전투적 태도는 세상의 차이들을 무관심하게 횡단해야 하고, 관습들에 대한 모든 궤변을 피해야 한다.

분명히 부활과 그 결과들이라는 주제로 돌아가기에 다급하

---

* 새번역본 『성서』에는 다음과 같이 번역되어 있다. "여러분은 믿음이 약한 이를 받아들이고, 그의 생각을 시빗거리로 삼지 마십시오."

지만 마찬가지로 동료들이 반감을 갖지 않도록 하는 것도 염두에 두고 있는 바울은 먹는 것, 섬기는 자의 행위, 점성술적인 가설들, 마지막으로 유대인이나 그리스인 혹은 다른 자가 된다는 사실 등등은 모두 진리라는 도정에 외부적인 것인 동시에 양립할 수 있는 것이자 반드시 그러한 것으로 고찰되어야 한다는 것을 설명하기 위해 혼신의 힘을 기울인다.

> 어떤 이는 모든 것을 다 먹을 수 있다고 생각하지만, 믿음이 약한 이는 채소만 먹습니다. 먹는 이는 먹지 않는 이를 업신여기지 말고, 먹지 않는 이는 먹는 이를 비판하지 마십시오 [······] 어떤 이는 이 날이 저 날보다 더 중요하다고 생각하고, 또 어떤 이는 모든 날이 다 같다고 생각합니다. 각각 자기 마음에 확신을 가져야 합니다(「로마서」, 14장 2~5절).

바울은 이러한 방향으로 아주 멀리 나간다. 따라서 이런 그를 종파주의적 도덕주의의 혐의를 씌워 비난하는 것은 아주 기이하다. 정반대가 사실이다. 왜냐하면 우리는 그가 끊임없이 금기들, 의례들, 관습들, 계율들을 지키라는 압력에 대해 저항하는 것을 볼 수 있기 때문이다. 그는 주저 없이 "진리에서, 모든 것이 다 깨끗하다πάντα καθαρά"(「로마서」, 14장 20절)고 말한다. 그리고 특히 바울은 도덕적 판단에 반하는 주장을 펼치는데, 그가 보기에 그것은 사건이 '모두에 대한' 것이라는 사실을 회피하는 것이다.

그런데 어찌하여 우리는 형제나 자매를 비판합니까? 우리는 모두 다 하나님의 심판대 앞에 서게 될 것입니다. [······] 이제부터는 서로 남을 판단하지 마십시다(「로마서」, 14장 10~13절).

결국 이 '도덕주의자'가 제시하고 있는 놀라운 원칙은 "모든 것이 다 허용된다Πάντα ἔξεστιν"(「고린도전서」, 10장 23절)로 정식화된다. 그렇다. 특수성의 영역 안에선 모든 것이 허용된다. 왜냐하면 차이들이 세상의 재료라면 그것은 오로지 진리의 주체에 고유한 개별성 ― 그 자체가 보편성의 생성 안에 포함되어 있는 ― 이 그러한 재료에 구멍을 내기 위한 것이기 때문이다. 그러한 구멍 내기가 관련된 한 그러한 재료를 판단하거나 축소하려는 것은 전혀 필요치 않다. 그와 정반대이다.

보편적인 말 건넴과 믿음의 전투적 결과들이 관습적이거나 특수한 차이들에 관련되는 순간부터 그러한 차이들을 **있는 그대로 두어야** 한다는 것(즉 **오로지** 믿음에 비추어 일관되지 않은 것 혹은 "믿음에 근거하지 않은 것"[「로마서」, 14장 23절]만이 죄라고 할 수 있다)은 바울이 종종 종파주의적 도덕주의자라는 또는 그보다 더 험한 소리를 듣는 빌미가 되었던 두 가지 사례를 검토해보면 더 잘 평가될 수 있을 것이다. 여성과 유대인들이 바로 그것이다.

종종 그리스도교에서 유래하는 반유대주의 시대는 바울의 가르침에 의해 열렸다고 주장되어왔다. 하지만 내부로부터

특이한 이단을 주장하면서 종교적 정통주의와 단절하는 것을 일종의 인종주의라고 간주 — 그것은 어쨌든 용납할 수 없는 지나친 소급이다 — 하지 않는다면 바울의 글 속에서는 간접적인 암시로라도 반유대주의에 가까운 것을 설파하는 진술을 전혀 찾아볼 수 없다고 말해야 한다.

실제로 유대인들에게 엄청난 신화적 죄를 덮어씌웠던 '신을 살해한 죄'에 대한 비난은 지엽적인 동시에 본질적인 이유로 바울의 담론에는 완전히 부재한다. 지엽적인 이유는 — 앞서 이미 살펴본 대로 — 어쨌든 예수를 죽음으로 몰고 간 역사적·상황적 과정 그리고 이 문제와 관련해 책임의 소재를 묻는 것은 오직 부활만이 중요했던 바울에게는 전혀 관심 밖의 일이었기 때문이다. 본질적인 이유는, 삼위일체 신학보다 훨씬 앞서는 바울의 사유는 그리스도와 신의 실체적 동일성이라는 주제에 근거하고 있지 않고, 그에게서는 어떤 것도 십자가에 못 박힌 신이라는 희생의 모티프에 상응하지 않기 때문이다.

유대인들의 특수성을 부각시키고 그리스도인들을 유대인들의 그러한 특수성과 분리시키는 데 중점을 두는 것은 오히려 복음서들, 특히 가장 늦게 쓰여진 「요한복음」이다. 분명히 그러한 시도는 로마 제국의 강점에 대항한 유대인들의 오랜 전쟁*이 벌어진 후에 제국 당국자들의 호의를 끌어내려는 것이었겠지만 그것은 이미 그리스도교의 기획을 보편적 방향

* AD 70년에 일어난 유대 민족 해방 전쟁.

에서 이탈시켜 예외와 축출이라는 차별적 체계에 길을 내주는 것이다.

바울에게서는 그러한 것은 어떤 것도 존재하지 않는다. 유대적 특수성에 대해 그가 맺고 있는 관계는 본질적으로 긍정적인 것이다. 오히려 부활의 사건적 위치가 계보적으로나 존재론적으로 성서의 유일신적인 유산 속에 있음을 의식하고 있기 때문에 심지어 바울은 말 건넴의 보편성을 가리킬 때 유대인들에게 일종의 우선권을 부여하는 정도로까지 나아간다. 예를 들면 이렇다.

> 선한 일을 하는 모든 사람에게는, 먼저 유대 사람을 비롯하여 그리스 사람에게 이르기까지, 영광과 존귀와 평강이 있을 것입니다(「로마서」, 2장 10절).

"먼저 유대 사람을 Ἰουδαίῳ πρῶτον." 이것이 바로 보편성이 구성되도록 하기 위한 **모든** 차이들을 횡단하는 움직임 속에서 유대적 차이가 첫번째임을 표시해주는 것이다. 이러한 이유로 바울은 자기가 "유대 사람에게는 유대 사람과 같이" 되어야 한다는 것을 명백한 것으로 간주할 뿐만 아니라 유대인들이 **사건의 고지**告知의 보편성 안에 포함되어 있다는 것을 확실하게 하기 위해 자신이 소유한 유대 정체성을 거침없이 환기시키기도 한다.

하나님께서 자기 백성을 버리신 것은 아닙니까? 그럴 수 없습니다. 나도 이스라엘 사람이요, 아브라함의 자손이요, 베냐민 지파에 속한 사람입니다. 하나님께서는 미리 아신 자기 백성을 버리지 않으셨습니다(「로마서」, 11장 1~2절).

물론 바울은 사건 이후적인 보편성을 유대적 특수성에 종속시키려는 자들에 맞서 싸운다. 그는 진정으로 "유대에 있는 믿지 않는 자들로부터 벗어나길"(「로마서」, 15장 31절) 희망한다. 관습과 공동체들 간의 차이들이 사라지는 것만을 자기 신앙의 준거로 삼으려는 사람에게서 나온 것이라고는 좀처럼 생각하기 힘든 말이다. 하지만 그것은 유대인들을 신을 살해한 민족으로 판정하는 것과는 전혀 무관하며, 특히 궁극적으로 요한과 달리 "모든 이스라엘이 구원받을 것"(「로마서」, 12장 26절)이라는 것이 바울의 확신이었기 때문에 더더욱 그러하다.

결국 바울은 유대 담론과 관련해 새로운 담론을 지속적이고도 섬세하게 이동시키는 전략을 동원하고 있는 것이다. 이미 우리는 바울의 텍스트에는 그리스도의 말이 부재하는 만큼이나 『구약성서』에 대한 언급이 풍부하게 들어 있음을 지적한 바 있다. 바울이 계획하고 있는 것은 분명히 유대적 특수성 — 그는 그것을 사건이 가진 역사성의 원리로 부단히 인정하고 있다 — 을 없애는 것이 아니라 새로운 담론과 관련해, 따라서 새로운 주체와 관련해 그것이 행할 수 있는 모든 것을 통해 내부로부터 그러한 특수성을 활성화하려는 것이다. 바울에게서 일반적으로는 유대인이라는 것 그리고 특히 구체적으로 『구약성서』는 **다시 주체화될 수 있고 또 그래야 한다**.

이러한 재주체화 작업은 아브라함과 모세라는 두 인물의 대립에 근거하고 있다. 바울은 문자와 율법의 사람인 모세를 별로 좋아하지 않는다. 반면 바울은 기꺼이 자기를 아브라함과 동일시하는데, 「갈라디아서」의 한 구절(3장 6~9절)은 그러한 동일시에 대한 두 가지 아주 강력한 이유를 담고 있다.

그것은, 아브라함이 "하나님을 믿었더니, 하나님께서 그것을 그에게 의로움으로 여겨주신 것"과 같습니다. 그러므로 여러분은 믿음으로 사는 사람들이 아브라함의 자손임을 아십시오 또 성경은, 하나님께서 이방 사람을 믿음으로 의롭게 하여주실 것을 미리 알고서, 아브라함에게 "모든 이방 민족이 너로 말미암아 복을 받을 것이다" 하는 기쁜 소식을 미리 전하였습니다. 그러므로 믿음으로 사는 사람은 믿음을 가진 아브라함과 함께 복을 받습니다.

여기서 우리는 아브라함이 바울에게는 결정적임을 알 수 있다. 우선 아브라함이 율법 이전(바울은 이 율법이 '430년 후'에야 모세를 위해 새겨졌음을 지적한다)에 오로지 믿음으로 신에 의해 선택받았기 때문이고 또 그러한 선택에 동반된 약속이 단지 유대 후손들뿐만 아니라 '모든 민족'에 해당하는 것이었기 때문이다. 따라서 아브라함은 우리가 유대적 거점의 보편성이라고 부를 수 있는 것을 예견하고 있었던 셈이다. 다시 말해 그는 이미 바울을 예견하고 있다고 해도 과언이 아니다. 유대인들 중의 유대인이며, 또한 그것을 자랑스럽게 여기는 바울은 단지 자기들이 신을 소유하고 있다고 믿는 것이 얼마나 부조리한지를, 그리고 어떠한 형태의 공동체든 죽음에 대한 삶의 승리가 문제가 되고 있는 사건은 진정한 유일신의 일자를 지탱시키는 '모두에 대함'을 활성화시킨다는 점을 환기시키려고 할 뿐이다. 그러한 환기에서 『구약』은 다시 한번 주체화에 사용된다.

> 하나님께서는 우리를 부르시되, 유대 사람 가운데서만이 아니라, 이방 사람 가운데서도 부르셨습니다. 그것은, 하나님께서 호세아의 글 속에서 하신 말씀과 같습니다. "나는, 내 백성이 아닌 사람을 내 백성이라고 하겠다. 내가 사랑하지 않던 백성을 사랑하는 백성이라고 하겠다"(「로마서」, 9장 24~25절).

여성 문제와 관련해 비록 사람들은 바울이 그리스도교적 여성 혐오를 유발시켰다고 흔히 주장하지만 이 또한 거짓이다. 물론 사람들이 관습과 의견들에 대해 끊임없이 궤변을 늘어놓기(그것은 보편성의 초월성을 공동체적 분할들 속에서 위태롭게 하는 일일 것이다)를 원치 않는 바울이 여성들에 대해 지금의 우리에게 적절한 진술을 했다고는 말해서는 안 될 것이다. 그러나 어쨌든 바울을 현재의 페미니즘이라는 재판정에 출두시키는 것은 불합리하다. 우리가 던질 수 있는 유일한 질문은 당시의 시대를 고려해볼 때 여성들의 지위와 관련해 바울이 진보적인가 혹은 오히려 반동적인가 하는 것이다.

어쨌든 결정적인 점은 다음과 같다. 즉 믿음의 요소 속에서는 "남자도 여자도 없다"고 상정하는 그의 핵심적 진술에 의거해볼 때 바울은 분명히 여성들이 신자 모임에 참가할 것과 사건을 선언할 수 있기를 바란다는 것이다. 통찰력 있는 투사였던 바울은 그처럼 평등한 참여가 결집시킬 수 있을 힘과 확장의 원천을 이해했다. 바울 본인도 "주님 안에서 수고를 많이 한 사랑하는 버시"(「로마서」, 16장 12절), 율리아 혹은 네레오 자매가 곁에 없게 되는 것을 전혀 원하지 않았다.

이것은 바울에게 문제는 상황에 맞추어 그러한 요구를 — 이에 대한 논의가 보편화 운동에 족쇄를 채우는 일 없이 — 고대 세계의 여성들을 사로잡고 있던 명백하고도 대대적인 불평등과 조화시키는 일이었다는 것을 가리키고 있다.

그런데 그러한 조화를 위해 바울이 사용하는 기술을 우리는 **곧이어 균형 맞추기**la symétrisation seconde라고 부를 수 있을 것이다. 우선 당시의 어느 누구도 의문시하려고 하지 않을 것에 대해서는 그도 양보할 것이다. 예를 들어 아내에 대한 남편의 권위가 그러하다. 아래와 같은 정식화가 나오는 것은 이 때문이다.

아내는 자기 몸을 마음대로 주장하지 못하고 남편이 주장합니다

(『고린도전서』, 7장 4절).

그렇다. 끔찍한 말이다. 하지만 중요한 것은 진리의 보편적 생성이라는 것에 대한 환기가 은연중 이처럼 불평등한 준칙에 스며들도록 하기 위해 곧이어 그러한 규범의 가역성을 언급함으로써 그러한 준칙을 중화시키고 있다는 점이다. 텍스트는 계속되고, 항상 우리는 이 계속되는 말 **또한** 인용해야만 한다.

> 마찬가지로 남편도 자기 몸을 마음대로 주장하지 못하고, 아내가 주장합니다(『고린도전서』, 7장 4절).

결국 최종적으로 보자면 진보적 혁신이라고 불러야 마땅할 바울의 시도는 **보편 지향적인 평등주의가 불평등한 규범의 가역성을 통과하도록 하는** 데 있다. 바로 이것이 규범(처음에는 그가 수용하는)과 관련된 출구 없는 논쟁에 빠져들지 않고도 보편성이 다시 특수화하는 차이들 — 이 경우에는 양성 간의 차이들 — 속에서 관철**될 수 있도록** 바울로 하여금 전체적인 상황을 장악할 수 있게 해주는 것이다.

여성들이 관련될 때 예외 없이 바울의 개입을 특징짓는 균형 잡기의 기술은 바로 여기서 기인한다. 예를 들어 결혼에 대해 살펴보기로 하자. 바울은 분명히 불평등한 규범에서부터 말을 시작한다.

아내는 남편과 헤어지지 말아야 합니다(「고린도전서」, 7장 10절).

그러나 즉각 그는 이렇게 덧붙인다.

…… 그리고 남편도 아내를 버리지 말아야 합니다(「고린도전서」, 7장 11절).

이 주제의 이슬람 판본으로 알려진 것으로, 지금 한창 세인의 관심을 끌고 있는 한 문제를 검토해보기로 하자. 공공장소에서 여성들은 머리를 가려야 하는가? 이 사도가 투사적 집단을 세우려 시도하고 있던 동방 사회에서 그것은 누구에게나 너무나 당연한 것이었다. 바울에게 중요한 것은 여성이 "기도하거나 예언한다"(여성이 '예언'할 수 있다는 것 ─ 그에겐 공공연히 믿음을 선언한다는 의미를 갖는 것이었다 ─ 은 상당히 중요한 문제였다)는 것이었다. 그는 먼저 "여자가 머리에 무엇을 쓰지 않은 채로 기도하거나 예언하는 것은 자기 머리[남편]를 부끄럽게 하는 것"(「고린도전서」, 11장 5절)임을 받아들인다. 그에 대한 논거는 여성들의 긴 머리카락은 베일로 머리를 가리는 것이 자연적인 성격을 가진 것임을 가리키며, 이러한 자연적 베일을 궁극적으로는 남녀 간의 성차를 수용함을 증거하는 인공적 표시물을 써서 강조하는 것은 타당하다는 것이다. 바울 말대로 여성들에게 진정한 수치는 머리를 삭발하는 것이다. 그리고 이것이 선언에 부름받은 여성이 머리를 가려야 하는 유일한 이유다. 그래야만 그러한 선언의 보편성이 **자신이 여성임을 인정하는 여성들을 포함할 수 있다**는 것이다. 여기서 문제가 되는 것은 차이로서의 차이에 미치는 보편성의 힘이다.

하지만 사람들은 그러한 구속은 단지 여성들에게만 가해지고 따라서 명백한 불평등이라고 이의를 제기할 것이다. 하지만 곧이어 균형 맞추기로 그러한 불평등은 없어진다. 왜냐하면 바울은 "남자가 머리에 무엇을 쓰고 기도하거나 예언하는 것은 자기 머리, 곧 그리스도를 욕되게 하는 것"(「고린도전서」, 11장 4절)이며, 여자가 짧은 머리를 하는 것과 마찬가지로 남자가 긴 머리를 하는 것도 수치스러운 것임을 명확히 밝히는 데 세심한 주의를 기울이고 있기 때문이다. 선언의 보편성 안에서 성의 차이가 중요치 않은 것이 **되도록**[아무 차이가 없도록] 성차를 횡단하고 또 그것을 증명해야 할 필요성은 관습들이라는 우연적 영역 속에서의 차이들에 대한 일방적인 구속이 아니라 균형적인 구속에서 정점에 달한다.

분명히 바울은 당시 널리 퍼져 있던 위계적 세계관 — 황제에 대한 숭배는 그것의 로마 제국적 수용 방식을 보여주는 것이었다 — 에 따라 "남자의 머리는 그리스도요, 여자의 머리는 남자요, 그리스도의 머리는 하나님"(「고린도전서」, 11장 3절)이라고 밝히고 있다. 게다가 '케팔레κεφαλή'[머리]라는 단어('수장^{chef}'이라는 오래된 단어 안에도 그 흔적이 남아 있다)가 워낙 모호하기 때문에 그는 이러한 신학적·우주론적인 장황한 논고에서 여성들의 머릿수건과 같은 위험한 문제의 검토로 나아갈 수 있었다. 충분히 예상할 수 있듯, 그것의 근거는 창세기의 한 이야기에서 취해진다.

> 남자가 여자에게서 난 것이 아니라 여자가 남자에게서 났습니다(「고린도전서」, 11장 8절).

따라서 문제는 해결된 듯이 보인다. 바울이 여성들의 복종에 관한 견고한 종교적 근거를 제시한 셈이니 말이다. 하지만 실제로는 전혀 그렇지 않다. 왜냐하면 세 줄 아래 단호한 어조의 '그러나(플렌πλήν)'가 곧이어 균형 맞추기를 도입하고, 그것은 때맞춰 모든 남자가 한 여자 몸에서 나왔음을 환기시키면서 이 모든 불평등한 구성 전체를 본질적인 평등으로 다시 이끌기 때문이다.

> 그러나 주님 안에서는, 남자 없이 여자가 있지 않고, 여자 없이 남자가 있지 않습니다. 여자가 남자에게서 난 것과 마찬가지로 남자도 여자의 몸에서 났습니다(「고린도전서」, 11장 11~12절).

이렇듯 바울은 이중적인 확신에 충실하다. 우리에게 일어난 것에 비추어, 즉 공적인 선언을 통해 우리가 주체화하고(믿음), 충실성을 통해 보편화하며(사랑), 시간 속에서 우리의 주체적 확고부동함(희망)을 찾아낼 수 있도록 해준 것과 관련해 차이들은 차이가 없어지고, 참됨의 보편성이 차이들을 폐기한다. 진리가 전진하는 세계 속에서 보편성은 모든 차이들에 노출되어야 하고, 그러한 차이들의 분유라는 시련 속에서 그러한 차이들을 횡단하는 진리를 받아들일 수 있다는 것을 보여주어야 한다. 남자든 여자든, 유대인이든 그리스인이든, 노예든 자유인이든 중요한 것은 차이들이 **그들에게 은총처럼 도래한 보편성을 담지하는 것**이다. 또 거꾸로 보편성 그 자체는 차이들 안에서 그들에게 도래하는 보편성을 담지할 능력이 있음을 인정함으로써만 자신의 현실성을 사실로 확인할 수 있다.

> 피리나 거문고같이 생명이 없는 악기도, 음색이 각각 다른 소리를 내지 않으면, 피리를 부는 것인지, 수금을 타는 것인지, 어떻게 알 수 있겠습니까?(「고린도전서」, 14장 7절).

차이들은 우리에게, 마치 악기들의 음색이 그러하듯이, 참됨의 선율을 이루는 식별 가능한 단성성$^{l'univocité}$을 마련해준다.

11

|

결론을 맺으며

 우리는 이 책에 '보편주의의 정초'*라는 부제를 붙였다. 물론 과도한 제목이다. 실재적 보편주의는 이미 아르키메데스의 이러저러한 정리^{定理} 속에, 그리스인들의 이런저런 정치적 실천들 속에, 소포클레스의 비극 속에, 그리고 사포의 시들이 증언하는 사랑의 강렬함 속에 온전히 현존하고 있다. 「아가」 속에서도, 또 이 보편주의가 허무주의 속에 역전되어 드러나고 있는 「전도서」의 한탄들 속에서도 마찬가지이다.

 하지만 바로 이 문제와 관련해 바울에게서는 우리가 예수의 가르침에 접근할 때 지금도 여전히 읽어낼 수 있는 것과 같은 강력한 단절이 일어난다. 오직 그러한 단절만이 그리스도교의 정초[성립]가 불러일으킨 엄청난 반향을 조명할 수 있다.

* 이 책의 원부제(La fondation de l'universalisme)이다.

우리의 어려움은 그러한 단절이 그와 관련된 교의의 명백한 내용과는 전혀 관련이 없다는 데 있다. 결국 부활은 단지 하나의 신화적인 단언일 뿐이다. "소수^{素數}들은 무한대로 이어진다"는 주장은 의심할 여지가 없는 보편성을 갖고 있다. "그리스도가 부활했다"는 주장은 보편과 특수의 대립으로부터 벗어나는 것인데, 왜냐하면 그것은 우리가 역사로 수용할 수 없는 설화적 진술이기 때문이다.

실제로 바울의 단절은 순수한 사건 — 아직 구체적으로 하나의 세계와 사회에 기입되도록 운명지어져 있기는 하지만 어떤 세계나 사회의 특수한 법칙들에 객관주의적으로 할당될 수는 없는 사건 — 속에 뿌리내리고 있는 진리에-대한-의식의 형식적 조건들과 그것의 필연적 결과들에 근거하고 있다. 바울이 고유하게 확립한 것은 그러한 사건에 대한 충실성은 오직 공동체적인 특수주의를 파기하는 것 안에서만, 일자와 '모두에 대함'을 구분하지 않는 진리의-주체를 규정하는 것 안에서만 존재할 수 있다는 것이다. 이처럼 바울의 단절은 실질적인 진리 공정(과학, 예술, 정치, 사랑)의 경우와는 달리 보편성의 생산에 근거하고 있지 않다. 그것은 집요하게 단 한 지점, 한 언표(그리스도가 부활했다)로 환원되는 신화적 요소 안에서 보편성 일반의 법칙들에 의해 밑받침되고 있다. 그리하여 우리는 바울의 단절을 — 여기서는 '이론적'이라는 것이 '실천적'이라는 것의 반대어가 아니라 '실재'에 대립한다는 조건에서 — **이론적** 단절이라고 할 수 있을 것이다. 바울을 정초자로 볼 수 있는 것은 그가 보편성의 최초의 이론가들 중의 하나이기 때문이다.

그리하여 두번째 난점은 바울이 철학자와 동일시될 수 있다는 점이다. 나 자신도 철학의 특질은 보편적 진리들을 산출하는 것이 아니라 진리 범주를 연마하고 손질함으로써 진리들에 대한 종합적 수용을 조직하는 것이라고 주장한 바 있다. 오귀스트 콩트는 철학자를 '일반성의 전문가'라고 정의한 바 있다. 바울이야말로 모든 보편주의의 일반적 범주들의 전문가가 아닐까?

바울은 자기의 사유를 개념적 일반성들이 아니라 개별적 사건에 할당하므로 철학자가 아니라고 말함으로써 그러한 반론을 걷어내야 할 것이다. 그처럼 개별적인 사건이 우화의 질서에 속한다는 것은 바울이 예술가나 학자 또는 **국가**의 혁명가가 되는 것을 막아줄 뿐만 아니라 철학적 주체성 ─ 그것은 개념적 정초 또는 자기정립에 자기를 종속시키거나 또는 **실재적** 진리 공정의 조건 아래 자기를 위치시킨다 ─ 에 대한 모든 접근을 막는다. 바울에게 진리라는 사건은 철학적 진리를 논박하지만 동시에 우리에게 그러한 사건의 허구적 차원은 그것이 실재적 진리라는 주장을 논박한다.

따라서 이렇게 말해야 한다. **바울은 보편성의 반철학적 이론가다**라고. 반철학자들에 의해 환기된 사건(또는 순수한 행위)이 허구적이라는 것은 아무런 문제도 제기하지 않는다. 그것은 파스칼에게서도 마찬가지이며(바울과 동일하다), 니체(니체의 '위대한 정치'는 세상을 두 동강 내지 못했다. 두 동강 난 것은 니체였다)에게서도 마찬가지였다.

천재적인 반철학자인 바울은 철학자들에게 보편성의 조건들이 기원에서든 목적 면에서든 개념적일 수 없다는 것을 경고하고 있다.

기원과 관련하여 볼 때, 모든 특수성에 대해 일종의 잉여적인 은총인 사건이 차이들을 폐기하기 위한 출발점이 되어야 한다.

목적과 관련하여 볼 때, 그것은 술어적이거나 심판적인 것이 되어서는 안 된다. 진리 공정의 결과를 소환할 수 있는 심급은 없다. 진리는 결코 비판과는 무관하다. 진리는 오직 스스로에 의해서만 지탱되고, 초월적이지도 실체적이지도 않으며, 관건이 되는 진리의 투사로서만 규정되는 새로운 유형의 주체와 관련되어 있다.

그것이 바로 바울이 전형적인 방식으로 증언하고 있듯이 (상관적인 것이 아니라) 절대적인 주체의 생산인 보편주의가 말함과 행함, 사유와 힘을 구별하지 않는 이유이다. 사유는 그것이 다른 모든 타자들에게 말을 건넬 때만이, 그러한 말 건넴 속에서 힘으로서 실행될 때만이 보편적일 수 있다. 그러나 고독한 투사를 포함해 모든 것이 보편성에 따라 헤아려지므로 이로부터 발생하는 일에서는 모두 **타자**가 **동일자**에 의해 포섭되는 결과가 나오게 된다. 바울은 어떻게 보편적인 사유가 세계에 퍼져 있는 타자성들(유대인, 그리스인, 여자들, 남자들, 노예들, 자유인들 등등)로부터 **동일성과 평등**(더이상 유대인도 그리스인도 없다)을 **산출하는가**를 세세하게 보여준다. 평등성의 산출, 그리고 사유 속에서의 차이들의 폐기가 보편성의 물질적 표징들이다.

최근 동일자^{Même}의 산출로 이해되는 보편주의에 맞서 그러한 동일자는 — 그것의 절정은 아닐지라도 — 그것의 상징을 죽음의 수용소에서, 모두가 죽음에 직면한 육체일 뿐이기 때문에 서로 완전히 평등한 수용소에서 발견했다고 주장되어 왔다. 하지만 그러한 '논법'은 두 가지 주요한 이유에서 협잡이다. 첫째로, 프리모 레비나 샬라모프를 읽으면서 사람들은 오히려 죽음의 수용소가 매 순간마다 터무니없는 차이들을 생산하고, 현실의 극히 미세한 조각마저도 삶과 죽음 사이의 절대적인 차이로 만들어버리며, 미세한 것의 이러한 부단한 차별화가 고문과도 같은 것이라는 사실을 알 수 있기 때문이다. 둘째 이유는 보다 직접적으로 바울과 관련되어 있는데, 힘으로서의 사유(이것이 사랑이라는 것을 환기하자)의 필수 조건은 진리의 투사인 사람은 다른 사람들은 물론 본인의 정체성을 보편성에서 출발해 규정한다는 것이라는 점이다. **동일자의 생산은 그 자체가 동일자의 법칙 내부에 있다.** 하지만 나치가 집단 수용소라는 인간 도살장을 만든 것은 그와 정반대되는 원리에 따른 것이다. 즉 유대인에 대한 대량 학살은 우월한 인종의 존재를 절대적인 차이로 구획짓는 '의미'를 갖고 있다. '내 몸과 같이'(다른 사람을 네 몸처럼 사랑하라)의 타자에게 말 건네는 것이야말로 나치가 없애려고 했던 것이다. 독일 아리안족의 '내 몸과 같이'는 바로 어디에도 투사될 수 없는 닫힌 실체로, 끊임없이 살육에 의해 자체의 안에서뿐만 아니라 밖에서도 자신의 닫힘을 확인해야 했다.

보편화하는 주체의 정체성을 보편성 속에서 해소시킨다는 바울의 준칙은, 동일자를 필요하다면 우리 자신의 타자성을 변화시켜서라도 쟁취해야 하는 것으로 만들었다.

주체에게 있어 이러한 주체적 논리는 주체를 세속적인 명명들에 대해, 즉 특수한 부분 집합들에게 숨어들과 위계적 가치들을 부여하는 것에 대해 무관심하도록 만드는 데서 정점에 달한다. 희망은 그러한 명명들을 능가하는 것이다. 「빌립보서」(2장 9절)는 그리스도를 "모든 이름 위의 이름"이라고 말한다. 한 진리의 주체가 주장하는 이름들은 특수한 언어와 폐쇄된 실재들에 고유한 닫힌 이름들이 아니라 바로 그러한 이름들이다. 모든 진정한 이름들은 '모든 이름 위에' 있다. 그러한 이름들은 수학적 상징체계와 마찬가지로 모든 관습에 따라, 그리고 모든 차이들을 횡단하여 모든 언어 속에서 변용되고 선언된다.

진리가 출발점으로 삼는 모든 이름은 바벨탑 이전의 이름이다. 그러나 탑 안에서 순환하고 있어야 한다.

앞서 강조한 대로 바울은 변증법 사상가가 아니다. 보편성은 특수성의 부정이 아니다. 그것은 영구히 존속되는 특수성과의 거리를 정확히 재가면서 그것을 가로질러 앞으로 나가는 것이다. 모든 특수성은 순응이자 순응주의다. 중요한 것은 항상 우리에게 순응하는 것에 대해 순응하지 않는 것이다. 사유는 순응의 시련 속에 있으며, 오로지 보편성만이 중단 없는 노동과 창의적 횡단 속에서 이러한 순응의 시련을 걷어낸다. 바울은 이것을 이렇게 멋지게 표현하고 있다.

> 여러분은 이 시대의 풍조를 본받지 말고 생각을 새롭게 함으로써 변화하십시오 | 여기서 생각을 가리키는 말은 누스νοῦς이지 프네우마πνεῦμα가 아니다. 따라서 그것을 '영'으로 번역하지 않는 것이 좋다 | (「로마서」, 12장 2절).

중요한 것은 시대를 벗어나는 것이 아니라 시대와 같이 사는 것이다. 그러나 시대에 의해 만들어지고 시대에 순응해서는 안 된다. 주체가 갖는 믿음의 명령 아래 변화되는 것은 시대라기보다는 오히려 주체 자신이다. 그리고 그러한 변화, 그러한 '갱신'의 열쇠는 사유 속에 있다.

바울은 우리에게 비순응적 사유가 시대 속에서 사유하는 것은 항상 가능하다고 말한다. 그것이 바로 주체다. 순응이 아니라 보편성을 주장하는 것이 바로 주체이다.

내재적 예외 안에 있는 것만이 보편적이다.

그러나 모든 것이 사건에 달려 있다면 우리는 기다려야 할까? 분명히 그렇지 않다. 많은 사건들, 심지어 멀리 떨어진 사건들조차 여전히 우리가 그것들에 충실하기를 요구하고 있다. 사유는 기다리지 않는다. 또한 사유의 힘의 저장고는 고갈되지 않는다. 순응하려는 심원한 욕망 — 바로 그것이 죽음의 길이다 — 에 굴복하는 사람들을 제외하곤 말이다.

게다가 기다린다는 것은 아무 소용도 없다. 왜냐하면 어떤 표징에 의해 선행되지도 않고, 우리가 아무리 조심해도 은총으로 우리를 놀라게 하는 것이 바로 사건의 본질이기 때문이다.

니체는 차라투스트라가 불의 개와 나누는 대화 속에서 진정한 사건들은 비둘기의 발걸음으로 다가오며, 가장 커다란 정적의 순간에 불쑥 찾아온다고 말한다. 이 점에서도 니체는 아마 다른 많은 점에서와 마찬가지로 자신이 비난을 퍼붓고 있는 바울에게 진 빚을 인정해야만 했을 것이다. 바울은 이렇게 말하고 있다.

> 주님의 날은 밤에 도둑처럼 찾아올 것입니다(「데살로니가전서」, 5장 2절).

『조건들』은 『존재와 사건』(1988) 출간 이후 발표한 알랭 바디우의 글들을 모은 것이다. 이 글들은 정황(학회, 논문, 개입들)에 따라 독립적으로 쓰였지만, 글들 사이의 관계는 명확하다. 철학 '자체'로부터 그리고 철학의 '종말'이라는 테마에 대한 비판에서 시작하여 철학에 대한 정의를 내리고 있다. 이 정의는 새로우면서도 그 기원(플라톤) 및 동시대적 상태와의 대결을 거친 것이다.

이어 철학의 네 가지 기본 조건들 ― 책의 제목은 이것에서 비롯된다 ― 에 대한 연구들이 제시된다. 철학과 시, 철학과 수학, 철학과 정치, 철학과 사랑에 대한 연구들이 그것이다. 이 책을 읽기 위해 『존재와 사건』을 먼저 읽을 필요는 전혀 없다. 어쩌면 이 책은 매우 구체적이고 명료해서 『존재와 사건』을 위한 입문서로도 쓰일 수 있을 것이다. 프랑수와 발의 서문은 두 책을 이어주는 필수적인 다리 역할을 하고 있다.